# 焼き菓



坂田阿希子

河出書房新社

# はじめに

子どもの頃から、お菓子を焼くことが大好きでした。
古い実家のオーブンで、母と一緒にシュークリームやクッキーを焼いた覚えもあります。
お菓子が作りたくなると、いてもたってもいられなくなって、
真夜中に突然起きだしてパウンドケーキを焼こうとし、
母にこっぴどく怒られたこともありました。
フランス菓子のお店で働いていた頃は、
早朝からの大変な仕事だったはずなのに、楽しくて楽しくて、
オーブンから流れるお菓子の焼ける匂いは、本当に幸せな気持ちにさせてくれました。

そのときにわかったことは、
お菓子をおいしく仕上げるには、素材と向き合って、
タイミングやコツをつかむ、ということ。
毎日の仕事の中で、今がおいしくなる大事なところ！とか、
ここが最高のタイミング！というのがわかってくるのです。
これは、繰り返し作ることでしかわからないコツ。
だから、お菓子は一度で成功しなかったとしても、
ぜひ繰り返し作ってほしいと思います。

いつもふと思い出しては作りたくなり、
誰かにこれを食べさせたい、差し上げたいと思う。
それはやはり昔から作り続けてきた焼き菓子です。
懐かしい思い出の多いレシピが詰まった本書。
大好きなお菓子への、私の想いも届けられたら幸せです。

坂田阿希子

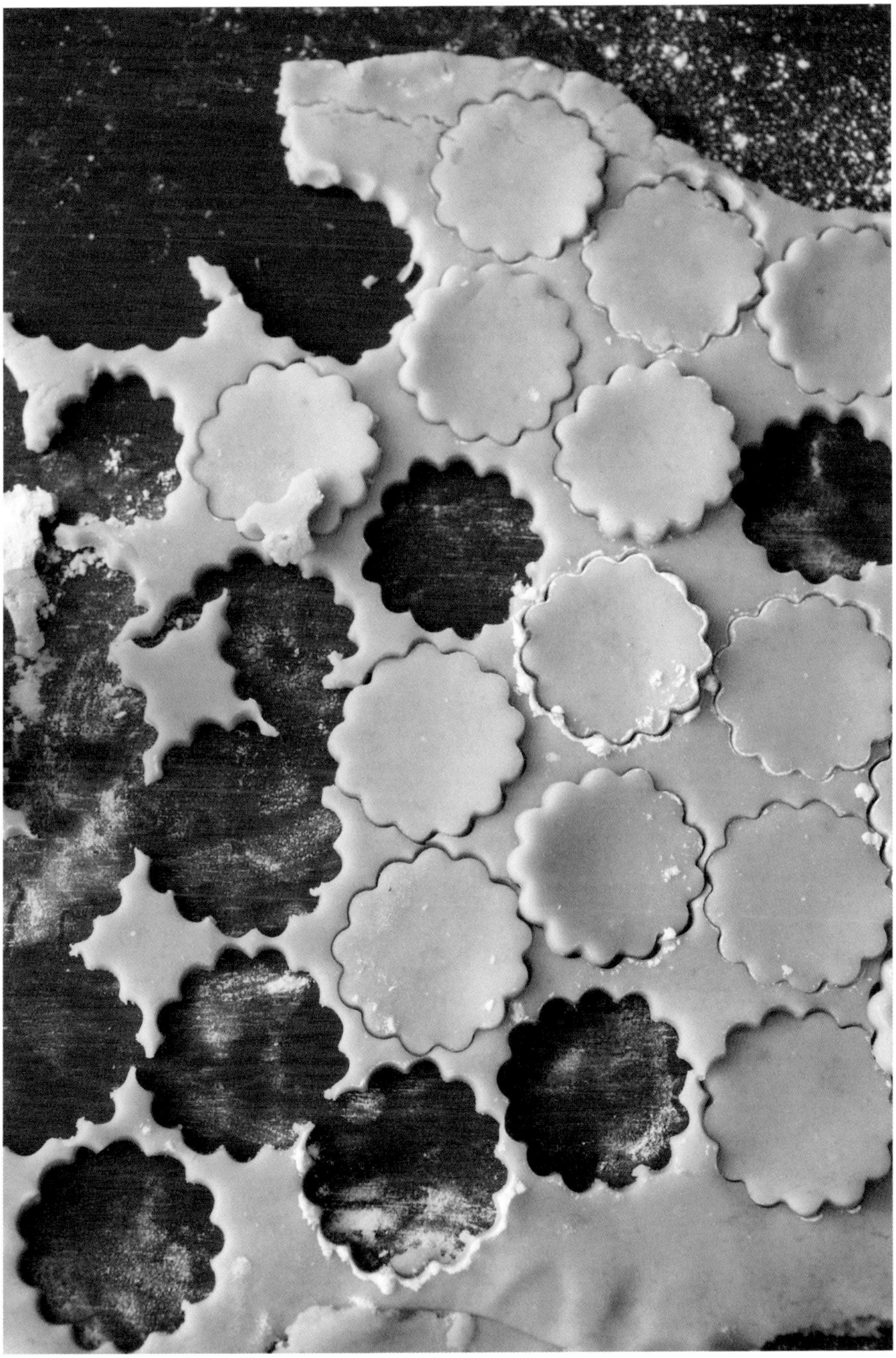

# Contents

# Contents



## Column



本書の決まり

- 小さじ1は5㎖、大さじ1は15㎖、1カップは200㎖です。
  小さじ、大さじで粉類などを量るときは、すりきりにしてください。
- 本書では電気オーブンでの加熱温度、加熱時間を表記しています。
- オーブンの加熱温度、加熱時間、焼き上がりは機種によって異なります。
  表記の時間を目安に、使用するオーブンに合わせて調整してください。

Sugar cookie
シュガークッキー
Cut-out cookie
型抜きクッキー
Squeezing cookie
絞り出しクッキー
Cocoa almond cookie
ココアアーモンドクッキー

# Cookies Assortment Box

Sugar cookie / Cocoa almond cookie

# シュガークッキー
# ココアアーモンドクッキー

ベーシックでシンプル。
まわりの砂糖がざくっとした食感に。

全体に混ざり、空気を含んでやや白っぽくなったらOK

### 材料（約40枚分）

バター … 150g
粉糖 … 90g
卵黄 … 1個分
バニラビーンズ … ½本
（なければオイル、またはエキストラクト）
薄力粉 … 220g
グラニュー糖 … 適量

※ココアアーモンドクッキー
バター … 150g
粉糖 … 90g
卵黄 … 1個分
薄力粉 … 200g
ココアパウダー … 20g
アーモンドスライス … 70g

ゴムベラを縦にして、切るようにして混ぜる

### 下準備

- ◆ バターを室温に戻しておく
- ◆ 薄力粉をふるっておく
- ◆ バニラビーンズは半分に裂いて、種を取る
- ◆ 天板にオーブン用シートを敷く
- ◆ オーブンを180℃に予熱する

### 作り方

1 バターはクリーム状になるまでゴムベラで練る。

2 粉糖を加え、白っぽくなるまで泡だて器ですり混ぜる（a）。

3 卵黄、バニラビーンズの種を加えて混ぜる。

4 ふるった薄力粉を加えて、ひとまとまりになるまでゴムベラで混ぜる（b、c）。2等分にする。

ゴムベラをボウルの底に押しつけて、バターをすりつぶす

5 台に打ち粉をし、4をそれぞれ転がしながら直径3cm、長さ25cmほどの棒状にまとめる。オーブン用シートでくるみ、冷蔵庫で1～2時間休ませる。

6 まわりにハケで水をつけ、グラニュー糖の上で転がしてまぶしつける（d）。1cm幅に切り、天板に並べる。

7 180℃のオーブンで10～15分焼く。

バットにグラニュー糖を広げると全体につきやすい

※ ココアアーモンドクッキー

作り方は同様。ココアパウダーと薄力粉を一緒にふるって加える。最後にアーモンドスライスを加えて混ぜる。グラニュー糖はまぶさずに焼く。

Cut-out cookie

# 型抜きクッキー

ざっくりとして懐かしい味わい。
お好きな型でどうぞ。

**材料**（30～35枚分）
発酵バター … 100g
きび砂糖 … 90g
塩 … ひとつまみ
バニラオイル … 少々（またはエキストラクト）
卵黄 … 1個分
薄力粉 … 200g

**下準備**
◆ バターを室温に戻しておく
◆ 薄力粉をふるっておく
◆ 天板にオーブン用シートを敷く
◆ オーブンを180℃に予熱する

**作り方**
1 バターはクリーム状になるまでゴムベラで練る。

2 きび砂糖を2～3回に分けながら加え、その都度、空気を含ませるように、ふんわりと白っぽくなるまで泡だて器ですり混ぜる。塩、バニラオイルを加えて混ぜる。

3 卵黄を加えて混ぜ、ふるった薄力粉を加え、ゴムベラなどでさっくりと混ぜる。この状態ではまだぼろぼろとしているので、手で生地をまとめるように、手早くひとまとめにする。

4 ラップで包み、冷蔵庫で2時間以上休ませる。

5 台に打ち粉をし、3～4mmの厚さにめん棒でのばす。好みの型（今回は直径4cmのもの）で抜き（a）、天板に並べる。

6 180℃のオーブンで10～15分焼く。

生地が型にくっつかないよう、打ち粉をつけて抜く

Squeezing cookie

# 絞り出しクッキー

隠し味の塩で、生地はさっぱりと。
ドレンチェリーの色と甘みを効かせて。

**材 料**（約20個分）
バター … 90g
粉糖 … 35g
塩 … ひとつまみ
バニラオイル … 少々（またはエキストラクト）
卵白 … ½個分
薄力粉 … 120g
ドレンチェリー（赤、緑）… 各10個

**下準備**
◆ バターを室温に戻しておく
◆ 卵白はよくほぐしておく
◆ 薄力粉をふるっておく
◆ 天板にオーブン用シートを敷く
◆ オーブンを180℃に予熱する

**作り方**
1 バターはクリーム状になるまでゴムベラで練る。
2 粉糖を加え、白っぽくなるまで泡だて器ですり混ぜる（a）。
3 塩、バニラオイル、ほぐした卵白を加えて混ぜる。
4 ふるった薄力粉を加えてゴムベラで混ぜる（b）。
5 星形口金をつけた絞り出し袋に入れ、約3cm大で天板に絞り出す（c）。ドレンチェリーをのせる。
6 180℃のオーブンで12～15分焼く。

粉糖が完全に混ざり、空気を含んで白くなる

薄力粉をゴムベラですりつぶすようにして混ぜる

絞り袋を垂直にして、「の」の字を書くように絞る

Biscuit / Lemon biscuit

# ビスケット
# レモンビスケット

バターの香りとざっくり食感。
爽やかなレモン風味も作りました。

### 材料（5cm×3cmの角型40枚分）

発酵バター … 120g
粉糖 … 130g
塩 … ひとつまみ
卵 … 1個
薄力粉 … 250g
ベーキングパウダー … ひとつまみ
重層 … ひとつまみ

※レモンビスケット
発酵バター … 120g
粉糖 … 130g
塩 … ひとつまみ
卵 … 1個
薄力粉 … 250g
ベーキングパウダー … ひとつまみ
重層 … ひとつまみ
レモンの皮のすりおろし … 1個分
レモンアイシング
　粉糖 … 280g
　レモン汁 … 70cc

### 下準備

◆ バターを小さく切って冷やしておく
◆ 粉糖、塩、薄力粉、ペーキングパウダー、重曹を合わせてふるっておく
◆ 天板にオーブン用シートを敷く
◆ オーブンを180℃に予熱する

### 作り方

1 ふるった粉類をフードプロセッサーに入れる。

2 冷たいバターを1に加え、全体が少し黄色い色になり、ほろほろとした状態になるまで攪拌する（a）。

3 卵をよく溶いて加え、攪拌する。ひとまとまりになったらすぐに止めて生地を出す。ラップで包み、冷蔵庫で2～3時間休ませる。

4 台に打ち粉をし、2mmほどの厚さにめん棒でのばす。角型で抜き、天板に並べる。

5 180℃のオーブンで15分焼く。

※レモンビスケット

生地に皮のすりおろしを混ぜる。レモンアイシングの材料を混ぜ（b）、粗熱が取れたらビスケットの上に塗り、しっかりと乾かす。

バターと粉類が混ざり、モロモロとしたらOK

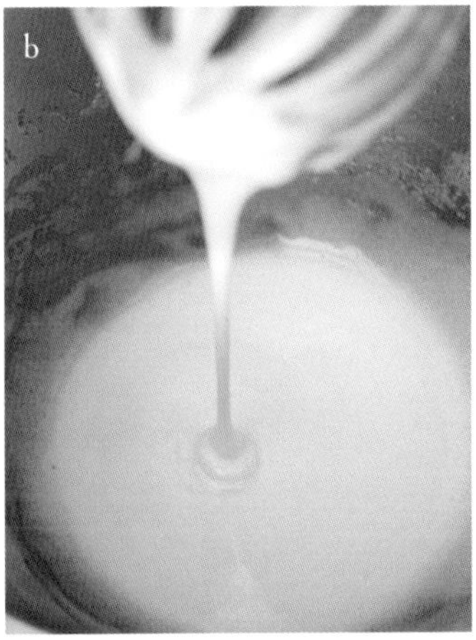


とろりとして、すくった跡が少し残るくらい

Madeleine

Madeleine

# マドレーヌ

サックリ食感は焼きたてならでは。
オレンジの風味で爽やかに。

**材料**（12～13個分）
バター … 90g
グラニュー糖 … 80g
はちみつ … 20g
卵 … 2個
薄力粉 … 90g
ベーキングパウダー … 小さじ1
オレンジの皮のすりおろし … 1個分
オレンジの果汁 … 小さじ1

**下準備**

- ◆ バターは鍋に入れて火にかけ、溶かしておく
- ◆ 薄力粉、ベーキングパウダーを合わせてふるっておく
- ◆ マドレーヌ型にバター（分量外）を薄く塗り、小麦粉（分量外）を薄く振っておく
- ◆ オーブンを170℃に予熱する

**作り方**

1 ふるった粉類、グラニュー糖をボウルに入れ、真ん中をくぼませる。

2 卵、はちみつを真ん中に入れ（a）、粉を崩すようにして泡だて器で全体を混ぜる（b）。

3 溶かしたバターを加えて混ぜる。

4 オレンジの皮のすりおろし、オレンジの果汁を加えて混ぜる。冷蔵庫で1時間以上休ませる。

5 生地を型の8分目まで流し入れ、170℃のオーブンで10～12分焼く。

粉で輪を作り、中心に卵とはちみつを入れる

まず黄身を崩し、粉を少しずつ混ぜていく

Financier

Financier

# フィナンシェ

ブール・ノワゼット（焦がしバター）と
アーモンドの香ばしい風味が特徴です。

**材料**（約15個分）
バター … 90g
グラニュー糖 … 100g
はちみつ … 20g
卵白 … 140g
薄力粉 … 50g
ベーキングパウダー … 小さじ½
アーモンドパウダー … 50g

**下準備**
◆ 薄力粉、ベーキングパウダーを合わせてふるっておく
◆ アーモンドパウダーをふるっておく
◆ 型にバター（分量外）を薄く塗っておく
◆ オーブンを180℃に予熱する

**作り方**
1 ふるった粉類、アーモンドパウダー、グラニュー糖をボウルに入れて混ぜ、真ん中をくぼませる。

2 卵白を少しずつ加えながら、その都度泡だて器で混ぜ（a）、はちみつも加えて混ぜ合わせる。

3 バターを小鍋に入れて中火にかけ、色が茶色になり、香ばしい匂いが立つようになったら火を止める。鍋底を水につけ、少し温かいくらい（30℃くらい）まで冷ます。2に加えてよく混ぜ合わせ（b）、冷蔵庫で1時間ほど休ませる。

4 生地を型の8分目まで流し入れ、180℃のオーブンで20分ほど焼く。

卵白は一気に加えないようにして、中心に入れる

泡だて器で混ぜながら、焦がしバターを加える

Shortbread biscuit

Shortbread biscuit

# ショートブレッドビスケット

サクサクほろほろとした食感。
バターの香りと塩気がよく合います。

## 材料（4cm大約20個分）

バター … 100g
粉糖 … 60g
塩 … 小さじ¼
薄力粉 … 120g
強力粉 … 50g

## 下準備

◆ バターを室温に戻しておく
◆ 薄力粉、強力粉、塩を合わせてふるっておく
◆ 天板にオーブン用シートを敷く
◆ オーブンを160℃に予熱する

## 作り方

1 バターはクリーム状になるまで泡だて器で練る。

2 粉糖を加え、白っぽくなるまですり混ぜる（P8）。

3 ふるった粉類を加え、粉っぽさがなくなるまでゴムベラで混ぜる（P8）。ひとまとめにしてラップで包み、冷蔵庫で1～2時間休ませる。

4 型に生地を入れ、はみ出た分はナイフなどですり切り、そのまま逆さにして2～3回打ち付けるようにして生地を取り出して天板に並べる。

5 160℃のオーブンで20～25分焼く。

6 焼き上がったら、ケーキクーラーなどに取り出して冷ます。

### 型がない場合

丸く成形をする。1cmほどの厚さで丸形にのばす（型を使用しない場合は、冷蔵庫で休ませなくてよい）。オーブン用シートを敷いた天板に移し、縁をフォークで押さえて筋目をつける（a）。ナイフで放射状に8等分の筋目をつけ（b）、フォークで全体に穴をあける。焼き上がったら、熱いうちに包丁で筋目に沿って切り分ける。

フォークの先を生地に押し付け、縞模様を入れる

下まで切らないように、ナイフをそっと当てる

Galette Nantais

Galette Nantais

# ガレット・ナンテ

芳醇なバターの香りが広がります。
さっくりとした食感もごちそう。

**材料**（直径4cmの菊型 約35枚分）

発酵バター … 100g
バター … 100g
グラニュー糖 … 90g
粉糖 … 50g
卵黄 … 1個分
バニラオイル … 2cc（またはエキストラクト）
薄力粉 … 350g
ベーキングパウダー … 1g
卵液
- 卵黄 … 1個分
- グラニュー糖 … 少々
- 水 … 小さじ½

※風味は変わるが、バターはどちらか1種類を200gにしてもよい。

**下準備**

- ◆ バターを室温に戻しておく
- ◆ 薄力粉、ベーキングパウダーを合わせてふるっておく
- ◆ 天板にオーブン用シートを敷く
- ◆ オーブンを180℃に予熱する

**作り方**

1 バターはクリーム状になるまでゴムベラで練る。

2 グラニュー糖、粉糖を加え、白っぽくなるまで泡だて器ですり混ぜる（P8）。

3 卵黄、バニラオイルを加えて混ぜ、ふるった粉類を加えて混ぜる。ラップで包み、冷蔵庫で2〜3時間休ませる。

4 5〜6mmほどの厚さにめん棒でのばして菊型で抜く。表面に混ぜ合わせた卵液を塗り、竹串やフォークなどで筋目をつける（a）。

5 180℃のオーブンで15分ほど焼く。

2本の線が交差するように、竹串の先で描く

Florentin sablé

Florentin sablé

# フロランタンサブレ

ほろ苦くて甘いザクザクのアーモンドを、
香ばしい生地にのせた、重厚な味わい。

**材料**（15cm × 15cm セルクル1台分）

バター … 95g
粉糖 … 50g
塩 … 1g
卵黄 … ½個分
薄力粉 … 130g
アーモンドキャラメルヌガー
- バター … 40g
- 生クリーム … 40g
- グラニュー糖 … 50g
- はちみつ … 20g
- 水あめ … 20g
- アーモンドスライス … 70g

**下準備**

◆ バターを室温に戻しておく
◆ 薄力粉をふるっておく
◆ 天板にオーブン用シートを敷く
◆ オーブンを190℃に予熱する

**作り方**

1 バターはクリーム状になるまでゴムベラで練る。

2 粉糖を加え、白っぽくなるまで泡だて器ですり混ぜる（P8）。

3 卵黄、ふるった薄力粉、塩を加えて混ぜる。ラップで包み、冷蔵庫で2～3時間休ませる。

4 生地を15cm × 15cm以上になるまでめん棒でのばし（厚さは1cmほど）、天板にのせ、セルクルで抜き（a）、フォークで全体に穴をあける。

5 190℃のオーブンで15分焼く（セルクルはそのまま）。

6 鍋にアーモンドキャラメルヌガーのアーモンドスライス以外の材料を入れ、混ぜながら強めの中火にかける。

7 115℃くらいまで上がったら、アーモンドスライスを加えて混ぜ、5の上に流し（b、c）、190℃のオーブンで20分焼く。

8 天板との境目にナイフを入れ、はずす。少し冷まして、温かいうちに切り分ける。

a
生地を型ぎりぎりの大きさにのばし、抜く

b
冷めると固まるので、熱いうちに広げる

c
ゴムベラで表面を平らにならし、高さをそろえる

Engadiner

Engadiner

# エンガディナー

サクッとしたリッチな生地の中に
キャラメルとくるみがたっぷり。

### 材料（直径15cm×高さ4cmのセルクル1台分）

エンガディナー・タイク（生地）

- バター … 160g
- 粉糖 … 130g
- 塩 … 3g
- 卵黄 … 2個分
- 全卵 … 20g
- 薄力粉 … 250g
- グランマルニエ（オレンジリキュール） … 小さじ½

アパレイユ

- 水 … 大さじ2
- グラニュー糖 … 150g
- 生クリーム … 100cc
- はちみつ … 20g
- 水あめ … 20g
- くるみ … 150g
- バター … 50g

卵液（P19）… 適量

### 下準備

◆ バターを室温に戻しておく
◆ 卵黄と全卵を合わせて混ぜておく
◆ 薄力粉をふるっておく
◆ セルクルの下に底板を敷き、バター（分量外）を薄く塗っておく
◆ オーブンを170℃に予熱する

### 作り方

1 エンガディナー・タイクを作る。バターはやわらかくなるまでゴムベラで練る。

2 粉糖、塩、グランマルニエを加え、白っぽくなるまで泡だて器ですり混ぜる（P8）。混ぜ合わせた卵を加えて混ぜる。

3 ふるった薄力粉を加え、ひとまとまりになるまで混ぜる（P8）。ラップで包み、冷蔵庫で2～3時間休ませる。

4 5mmの厚さにめん棒でのばし、型にぴったりと敷き込む（a）。余った生地は取っておく。ピケをして、冷蔵庫で2時間以上休ませる。

5 アパレイユを作る。水、グラニュー糖を鍋に入れて火にかけ、沸騰してまわりが少し焦げ、茶色になってきたら鍋を揺らしながら、キャラメル色になるまで焦がす。

6 生クリーム、はちみつ、水あめを加え、さらに沸騰させ続け、くるみ、バターを加えて混ぜ、バットに移して粗熱を取る。

7 4の型に流し入れ、縁に卵液（P19）を塗り、4で余った生地を4～5mmの厚さにのばしてふたをする。はみ出た生地を切り落とし（b）、表面にも卵液を塗る。フォークなどで飾り模様をつけ（c）、ところどころ穴をあける。

8 170℃のオーブンで45～50分焼く。しっかりと冷めてから切り分ける。

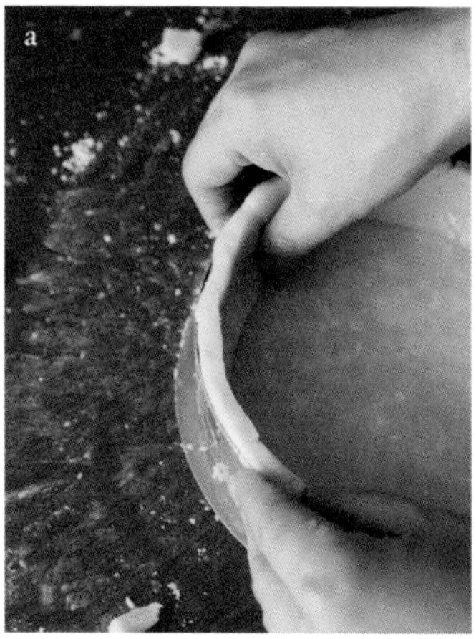

型に軽く押し付けて、生地をぴったりと敷き込む

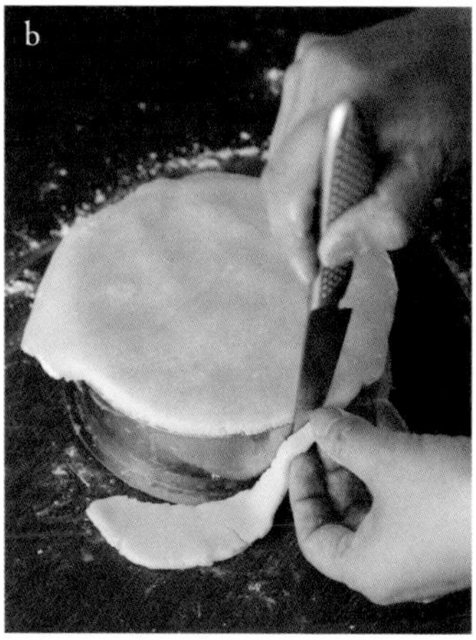

はみ出た生地をペティナイフなどで切り取る

フォークの先を軽く当てて、引いて模様を描く

Langues de chat

Langues de chat

# ラング・ド・シャ

フランス語で「猫の舌」を意味するお菓子。
口の中で溶けるような食感が楽しめます。

**材 料**（25～30枚分）
発酵バター … 80g
粉糖 … 60g
卵白 … 25g
薄力粉 … 60g
レモンの皮のすりおろし … 1個分
レモン汁 … 小さじ½

**下準備**
◆ バターを室温に戻しておく
◆ 薄力粉をふるっておく
◆ 天板にあらかじめ薄くバター（分量外）を塗ってから、小麦粉（強力粉のほうがよい、分量外）を薄く振っておく
◆ オーブンを160℃に予熱する

**作り方**
1 バターはクリーム状になるまで泡だて器で練る。

2 粉糖の⅔量を加え、白っぽくなるまですり混ぜる（P8）。レモンの皮のすりおろし、レモン汁を加えてさらに混ぜ合わせる。

3 別のボウルに卵白を入れて軽く泡だて、残りの粉糖を2～3回に分けて加えながらその都度混ぜ（a）、角が立つまでしっかりと泡だてる（b）。

4 2に3のメレンゲの⅓量を加え、ふるった薄力粉を加えてさっくりと混ぜる。

5 残りのメレンゲを加え、さっくりと混ぜ合わせる（c）。

6 直径2cmほどの丸形口金をつけた絞り出し袋に入れ、天板に長さ5～6cmに絞り出す（d）。

7 160℃のオーブンで8～10分焼く。

ダマになってしまうので、粉糖は少しずつ加える

泡だて器を離すと、角が立つくらいになればOK

メレンゲの泡をつぶさないよう、切るように混ぜる

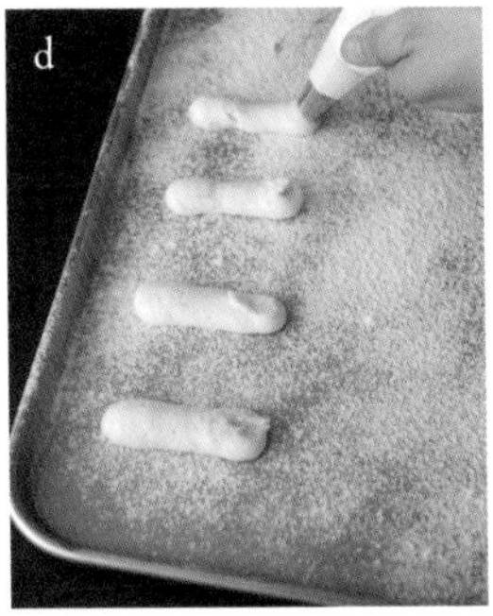

長さ5～6cmほどに絞り、最後は上に引き上げる

*Polvoron*

Polvoron

# ポルボロン

幸せをもたらしてくれるスペインの伝統菓子。
口の中でほろほろと溶ける極上の食感です。

焦がさないよう、絶えず混ぜながら火を通す

**材料**（直径3cmの丸型20〜25個分）
バター … 80g
ラード … 50g
粉糖 … 150g
薄力粉 … 180g
シナモン … 小さじ½
アーモンドパウダー … 80g
レモンの皮のすりおろし … ½個分
粉糖（仕上げ用）… 適量

**下準備**
◆ バターを室温に戻しておく
◆ 薄力粉、シナモンを合わせてふるっておく
◆ 天板にオーブン用シートを敷く
◆ オーブンを160℃に予熱する

**作り方**
1 ふるった粉類をフライパンに入れ、全体が薄いベージュになるまでから煎りする（a）。バットなどに広げて粗熱を取り、ふるっておく。

2 バター、ラード、粉糖、レモンの皮のすりおろしを白っぽくなるまで泡だて器ですり混ぜ、1、アーモンドパウダーを加えて混ぜる。ひとまとめにしてラップで包み、冷蔵庫で1時間休ませる。

3 台にラップを広げて生地をのせ、さらにラップをのせて挟む。1.5cmの厚さにめん棒でのばし、直径3cmの丸型で抜き（残った生地も集めて同様にする）、天板に並べる。

4 160℃のオーブンで20分ほど焼く。熱いうちに粉糖をまぶす。

※口に入れて、「ポルボロン」と3回唱えてから食べると、幸せが訪れるとされています。

Coconut macaroon

Coconut macaroon

# ココナッツマカロン

シンプルな材料、シンプルなおいしさ。
サクサク食感と香ばしさが楽しめます。

**材料**（40 ～45個分）

グラニュー糖 … 90g
卵白 … 1 個分
ココナッツロング … 80g
レモンの皮のすりおろし … ½個分

**下準備**

- ◆ 天板にオーブン用シートを敷く
- ◆ オーブンを170℃に予熱する

**作り方**

1 ココナッツロングはオーブンかオーブントースターで、途中で2～3回混ぜながら、軽く全体が色づくまで4～5分焼く（a）。

2 ボウルに卵白を入れて泡だて器で軽くほぐすように混ぜ、グラニュー糖を加え、軽く泡だてる。

3 1のココナッツロング、レモンの皮のすりおろしを加え、さっくりと混ぜる。

4 生地を直径3cmくらいの大きさの山形にして、天板に並べる（b）。

5 170℃のオーブンで25～30分焼く。

焦げないように途中でかき混ぜて、様子を見る

指で、生地を三角形に整えながら置く

Column

1

# お菓子作りの下準備

おいしいお菓子を作るためには、丁寧な準備が欠かせません。
ほとんどのレシピで必要なことを、まとめてご紹介します。

### ◆ 薄力粉をふるう

ボウルに直接ふるうとこぼれやすいので、大きめの紙を敷いて行うのがおすすめ(a)

### ◆ バターを室温に戻す

きちんと室温に戻せてやわらかくなっていると、軽く混ぜるだけでなめらかになる(b)

### ◆ 型に薄くバターを塗り、オーブン用シートを敷く

パウンド型は型に合わせて長方形にカットし、角の部分は切り込みを入れる

丸型は底面用に丸く切り、側面は細長くカットしたものを立てるようにして入れる

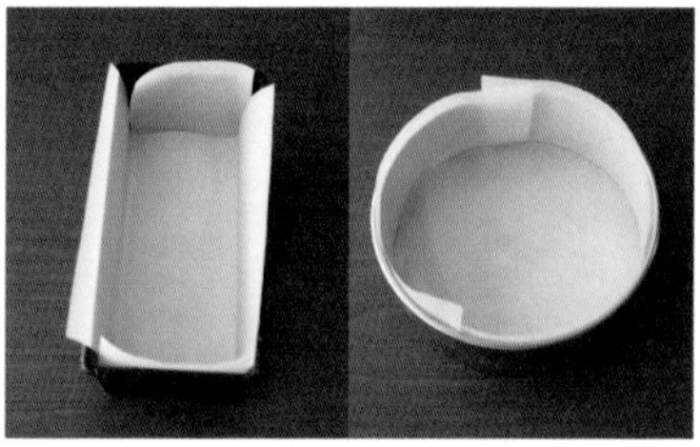

### ◆ 型に薄くバターを塗り、グラニュー糖や小麦粉をつける

生地を型から離しやすくするために行う

またグラニュー糖は、焼き上がったあと、ざっくりとした食感のアクセントになる

まんべんなくグラニュー糖や小麦粉を振り、余分な砂糖や粉は逆さにして払うと均等につけられる(c)

レシピに使う分とは別に用意する

### ◆ 天板にオーブン用シートを敷く

直接生地をのせて焼くレシピでは、必ずシートを敷いてくっつくのを防止する(d)

### ◆ オーブンを予熱する

焼き菓子最大のポイントはオーブンの温度。焼成温度までしっかりと温めること

生地を休ませるレシピは、タイミングを合わせて予熱を始める

作り始める前に、作り方の最後まで目を通し、内容を把握しておきましょう。材料と道具はすべて事前にそろえて使いやすいところに置き、計量を正確に行いましょう。準備をしっかりとしておくことで、作り始めてから「○○がない」「手順を間違えた」などと慌てることがなくなり、レシピ通りに作れるのでおいしくできあがります。作業するためのスペースのほか、冷蔵庫を使うお菓子は、置くための場所も確保しておきましょう。

a

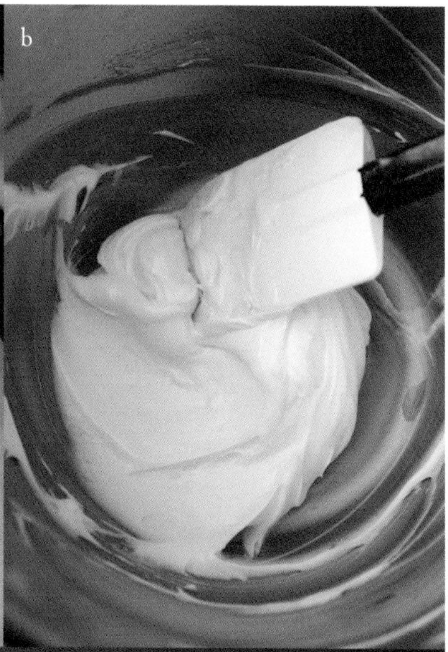
b

c

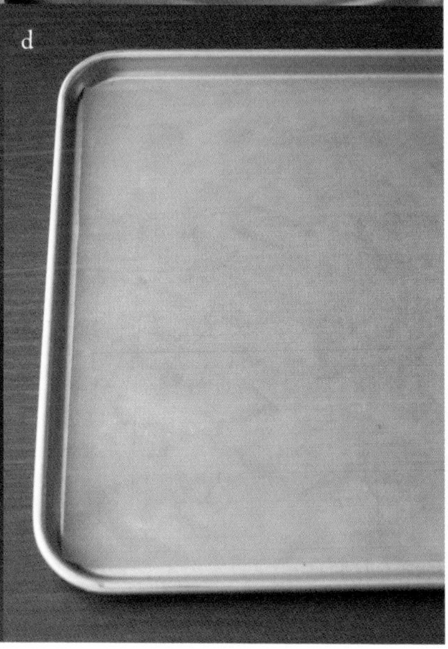
d

Pound cake / Lemon pound cake

Pound cake / Lemon pound cake

# パウンドケーキ
# レモンパウンドケーキ

ワンボウルで作るシンプルなケーキ。
レモンを加えて、ちょっとよそいきにも。

**材 料**（縦12cm×横8cm×高さ6.5cmのパウンド型1台分）

バター … 120g
グラニュー糖 … 100g
卵 … 2個
薄力粉 … 120g
ベーキングパウダー
… 小さじ½

※レモンパウンドケーキ
バター … 120g
グラニュー糖 … 100g
卵 … 2個
薄力粉 … 120g
ベーキングパウダー … 小さじ½
レモンの皮のすりおろし … 1個分
レモンのシロップ煮（P52） … 適量

**下準備**

◆ バターを室温に戻しておく
◆ 卵を室温に戻し、よく溶きほぐしておく
◆ 薄力粉とベーキングパウダーは合わせてふるっておく
◆ 型にバター（分量外）を薄く塗り、オーブン用シートを敷き込む
◆ オーブンを180℃に予熱する

**作り方**

1 バターを泡だて器で軽く混ぜる。

2 グラニュー糖を一気に加えて、空気を含んで白っぽくなるまでよく泡だてる（P8）。

3 溶きほぐした卵を少しずつ加え、分離しないようにその都度混ぜ合わせ（a）、卵を全部加える（途中で分離しそうになったら、薄力粉を少量加える）。

4 ふるった粉類をすべて加え、粉っぽさがなくなるまでゴムベラでよく混ぜ合わせる（b）。

5 型に流し入れ、とんとんと下に数回落として空気を抜く。表面を平らにならし、ナイフで切り込みを入れる（c）。

6 180℃のオーブンで40～45分焼く。

※レモンパウンドケーキ

作り方は同様。グラニュー糖と同時にレモンの皮のすりおろしを加える。焼き上がったケーキにレモンのシロップ煮のレモンの輪切りを並べ、シロップをたっぷりと塗り（d）、冷ます。

卵を加えたら、その度にしっかりと混ぜる

練らないように、ゴムベラを縦にして混ぜる

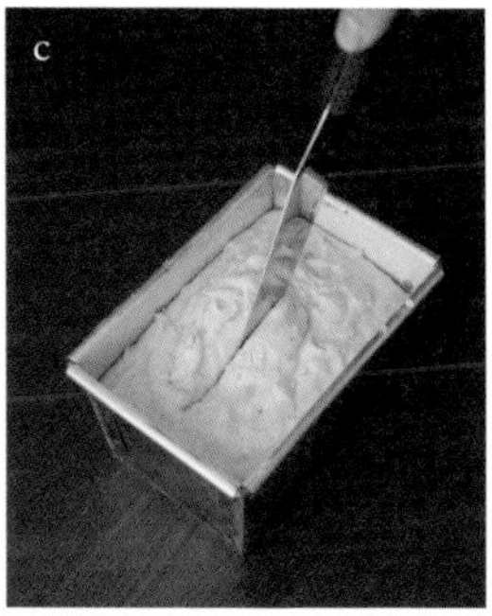


均等に火が入るよう、深さ2cmほど切り込みを入れる

シロップがこぼれるくらいたっぷりと塗る

Apricot pound cake

Apricot pound cake

# あんずのパウンドケーキ

甘酸っぱいあんずと、アマレット。
ほんのり八角の香りも楽しめます。

**材料**（縦17cm×横8cm×高さ7cmのパウンド型1台分）

バター … 120g
きび砂糖 … 100g
卵 … 2個
薄力粉 … 120g
ベーキングパウダー … 小さじ½
干しあんずのシロップ煮（P52）… 全量
干しあんずのシロップ煮の煮汁（P52）… 大さじ2
アマレット（アーモンドの香りのあんずのリキュール）… 大さじ2

**下準備**

◆ バターを室温に戻しておく
◆ 卵を室温に戻し、よく溶きほぐしておく
◆ 薄力粉とベーキングパウダーは合わせてふるっておく
◆ 型にバター（分量外）を薄く塗り、オーブン用シートを敷き込む
◆ オーブンを180℃に予熱する

**作り方**

1 バターを泡だて器で軽く混ぜる。

2 きび砂糖を一気に加えて、空気を含んで白っぽくなるまでよく泡だてる（P8）。

3 溶きほぐした卵を少しずつ加え、分離しないようにその都度混ぜ合わせ、卵を全部加える（P33）。

4 ふるった粉類をすべて加え、粉っぽさがなくなるまでゴムベラでよく混ぜ合わせる（P33）。

5 干しあんずのシロップ煮は水気をしっかりと切り、包丁で粗く刻み、4の生地に加える。

6 型に流し入れ、とんとんと下に数回落として空気を抜く。表面を平らにならし、ナイフで切り込みを入れる（P33）。

7 180℃のオーブンで40～45分焼く。

8 焼き上がったらすぐに型から出し、干しあんずのシロップ煮の煮汁とアマレットを混ぜたものをハケで塗る。

Brandied fruits pound cake

Brandied fruits pound cake

# ブランデー漬けフルーツのパウンドケーキ

ブランデーの香り豊かなフルーツがたっぷり。
花の形に焼けばぐっと華やかに。

薄力粉をまぶすことで、具材が沈まなくなる

### 材料（直径16cmのリング型1台分）

バター … 100g
きび砂糖 … 110g
卵 … 2個
薄力粉 … 120g
ベーキングパウダー
　… 小さじ½
バニラオイル … 少々（またはエキストラクト）
レモンの皮のすりおろし … 1個分
フルーツのブランデー漬け（P52）… 160g
ドレンチェリー（赤、緑）… 各3個
くるみ（ローストして粗く刻む）… 40g
ブランデー（仕上げ用）… 80cc
粉糖（仕上げ用）… 適量

### 下準備

◆ バターを室温に戻しておく
◆ 卵を室温に戻し、よく溶きほぐしておく
◆ 薄力粉とベーキングパウダーは合わせてふるっておく
◆ 型にバター（分量外）を薄く塗って冷蔵庫に20分ほど入れ、小麦粉（分量外）を薄く振っておく
◆ オーブンを170℃に予熱する

### 作り方

1 バターを泡だて器で軽く混ぜる。

2 きび砂糖、バニラオイル、レモンの皮のすりおろしを加えて、空気を含んで白っぽくなるまでよく泡だてる（P8）。

3 溶きほぐした卵を少しずつ加え、分離しないようにその都度混ぜ合わせ、卵を全部加える（P33）。

4 ふるった粉類をすべて加え、粉っぽさがなくなるまでゴムベラでよく混ぜ合わせる（P33）。

5 フルーツのブランデー漬けの大きいあんずやいちじくは刻む。ドレンチェリーと合わせ、薄力粉（分量外）をまぶし（a）、4に加えて混ぜる。くるみも加えて混ぜる。

6 型に流し入れ、とんとんと下に数回落として空気を抜く。

7 170℃のオーブンで1時間ほど焼く。

8 焼き上がったら熱いうちにブランデーをハケでさっと塗り、温かいうちにラップで包んでから冷ますと、しっとりと仕上がる。粉糖（仕上げ用）を振る。

*Nuts pound cake*

Nuts pound cake

# ナッツのパウンドケーキ

表面に飾ったザクザクとしたナッツ。
生地の中にもナッツを入れて、とことん香ばしく。

**材料**（縦16.5cm×横10.5cm×高さ5.5cmのパウンド型1台分）

バター … 120g
きび砂糖 … 100g
卵 … 2個
薄力粉 … 80g
ベーキングパウダー … 小さじ½
アーモンドパウダー … 40g
ヘーゼルナッツ … 20g
アーモンド … 30g
松の実 … 30g
くるみ … 30g
レモンの皮のすりおろし … 1個分

**下準備**

◆ バターを室温に戻しておく
◆ 卵を室温に戻し、よく溶きほぐしておく
◆ 薄力粉とベーキングパウダーは合わせてふるっておく
◆ アーモンドパウダーをふるっておく
◆ ヘーゼルナッツ、アーモンドはオーブンでローストし、軽く皮をむく。松の実、くるみと合わせて（仕上げ用に少し残しておく）フードプロセッサーなどで粗めに挽き（a）、バットなどに広げて粗熱を取っておく
◆ 型にバター（分量外）を薄く塗り、オーブン用シートを敷き込む
◆ オーブンを180℃に予熱する

**作り方**

1 バターを泡だて器で軽く混ぜる。

2 きび砂糖を一気に加えて、空気を含んで白っぽくなるまでよく泡だてる（P8）。

3 溶きほぐした卵を少しずつ加え、分離しないようにその都度混ぜ合わせ、卵を全部加える（P33）。

4 ふるった粉類、アーモンドパウダーをすべて加え、粉っぽさがなくなるまでゴムベラでよく混ぜ合わせる（P33）。

5 挽いたナッツ、レモンの皮のすりおろしを加えて混ぜる。

6 型に流し入れ、とんとんと下に数回落として空気を抜く。表面を平らにならし、ナイフで切り込みを入れる（P33）。残しておいたナッツ類を上にのせる（b）。

7 180℃のオーブンで40～45分焼く。

完全な粉ではなく、粒が残るくらいでOK

浮き上がってくるので、埋めるようにのせる

Citron cake

Citron cake

# ケークシトロン

焦がしバターで風味よく、しっとりと。
グレーズでおめかしして仕上げます。

**材料**（縦17cm×横8cm×高さ7cmのパウンド型1台分）

発酵バター…160g
卵…2個
グラニュー糖…80g
薄力粉…80g
レモンの皮のすりおろし…1個分
レモン汁…小さじ1
グレーズ
- 粉糖…80g
- レモン汁…大さじ1
- 水…少々

**下準備**

- ◆ 薄力粉はふるっておく
- ◆ オーブンを160℃に予熱する

Arrange

## しょうがを入れて、大人味のケークジャンジャンブルにも。

しょうが100gをごく細い千切りにし、1で一緒に火にかける。レモンの皮のすりおろしは1/3個分、レモン汁は少々に減らす。5で1のバターをしょうがごと加える。グレーズにはしょうがの搾り汁を小さじ1加え、レモン汁は小さじ1に減らす。

### 作り方

1 鍋にバターを入れて火にかけ、全部溶けたら小さじ2程度を取り分け、残りをさらに中火にかける。時々鍋を揺すって、全体に濃い茶色がつき、ナッツのような香りが立つまで加熱する（a）。鍋底を水につけ、少し温かいくらい（30℃くらい）まで冷ます。

2 ボウルに卵、グラニュー糖を入れ、そのまま中火にかけてボウルをまわしながら混ぜ、グラニュー糖がすべて溶け、指を入れて温かいと感じるところまで加熱する（または湯煎にする）。

3 ハンドミキサーまたは泡だて器でしっかりと泡だて、生地を落としたら跡が残る程度まで泡だてる（b）。

4 ふるった薄力粉、レモンの皮のすりおろし、レモン汁を2～3回に分けて加えて混ぜ、少しムラが残る程度でやめる（c）。

5 1のバターを加え、つやが出てくるまでしっかりと混ぜ合わせる。

6 型の内側に1で取り分けたバターを塗り、強力粉（分量外）を全体に振って余分な粉を落とす。

7 生地を流し入れ、160℃のオーブンで45～50分焼く。

8 グレーズの粉糖をふるい、レモン汁と水を加えて混ぜ合わせる。

9 焼き上がったら型から取り出し、粗熱を取り、8を上からハケで塗る（d）。

焦げたかな？と思うくらいの濃い茶色でOK

泡だて器で落とした生地の跡がしばらく残る

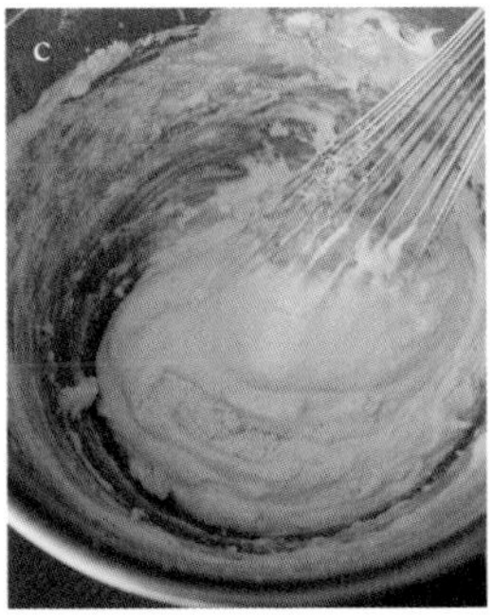

やや粉気が残っているくらいでやめてOK

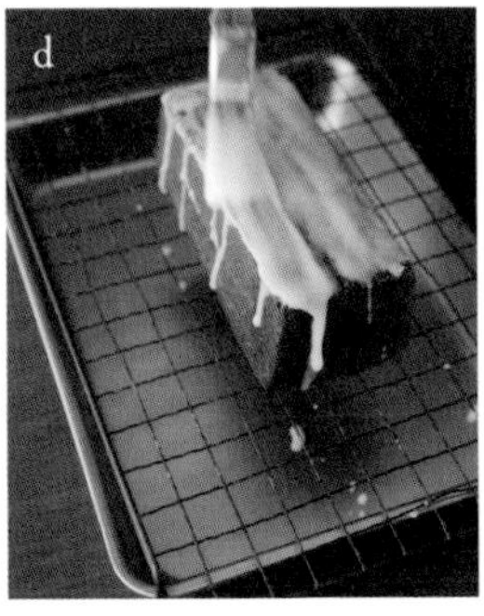

垂れるくらいにたっぷりとハケで塗り広げる

Chocolate & yuzu pound cake

Chocolate & yuzu pound cake

# チョコレートとゆずのパウンドケーキ

濃厚でしっとりとしたチョコレート生地に、
相性のよいゆずを合わせて爽やかに。

## 材料（縦17cm×横8cm×高さ7cmのパウンド型1台分）

バター … 120g
グラニュー糖 … 90g
卵 … 2個
薄力粉 … 60g
ベーキングパウダー … 小さじ½
ココアパウダー … 20g
スイートチョコレート（カカオ分の高いビターなもの）… 150g
ゆずマーマレード（P53）… 140g
（またはオレンジや甘夏のマーマレードなど好みのもので）
オレンジシロップ（P52）… 適量

## 下準備

◆ バターを室温に戻しておく
◆ 卵を室温に戻し、よく溶きほぐしておく
◆ 薄力粉、ベーキングパウダー、ココアパウダーは合わせてふるっておく
◆ チョコレートは刻んで湯煎で溶かし、粗熱を取っておく
◆ 型にバター（分量外）を薄く塗り、オーブン用シートを敷き込む
◆ オーブンを180℃に予熱する

## 作り方

1 バターを泡だて器で軽く混ぜる。

2 グラニュー糖を一気に加えて、空気を含んで白っぽくなるまでよく泡だてる（P8）。

3 溶きほぐした卵を少しずつ加え、分離しないようにその都度混ぜ合わせ、卵を全部加える（P33）。

4 溶かしたチョコレートを加えて混ぜる。

5 ふるった粉類をすべて加え、粉っぽさがなくなるまでゴムベラでよく混ぜ合わせる（P33）。

6 刻んだゆずマーマレードを加えて混ぜる。

7 型に流し入れ、とんとんと下に数回落として空気を抜く。表面を平らにならし、ナイフで切り込みを入れる（P33）。

8 180℃のオーブンで50分ほど焼く。

9 焼き上がったら、オレンジシロップを塗る。しっかりと冷ましてから切り分けて、ゆずマーマレードの皮を細く切ったものを飾る。

Cheese pound cake

Cheese pound cake

# チーズのパウンドケーキ

口いっぱいにチーズの香りと風味。
甘さ控えめでワインのおつまみにも。

## 材料（縦14cm×横13cm×高さ5.5cmの型1台分）

バター … 120g
きび砂糖 … 90g
卵 … 2個
薄力粉 … 120g
ベーキングパウダー … 小さじ1
グリエールチーズ … 30g
エメンタールチーズ … 30g
パルメザンチーズ … 20g

## 下準備

◆ バターを室温に戻しておく
◆ 卵を室温に戻し、よく溶きほぐしておく
◆ 薄力粉とベーキングパウダーは合わせてふるっておく
◆ チーズはすりおろしておく
◆ 型にバター（分量外）を薄く塗って冷蔵庫に20分ほど入れ、小麦粉（分量外）を薄く振っておく
◆ オーブンを170℃に予熱する

## 作り方

1 バターを泡だて器で軽く混ぜる。

2 きび砂糖を一気に加えて、空気を含んで白っぽくなるまでよく泡だてる（P8）。

3 溶きほぐした卵を少しずつ加え、分離しないようにその都度混ぜ合わせ、卵を全部加える（P33）。

4 おろしたチーズを加え、ふるった粉類をすべて加え、粉っぽさがなくなるまでゴムベラでよく混ぜ合わせる（P33）。

5 型に流し入れ、とんとんと下に数回落として空気を抜く。

6 170℃のオーブンで40～45分焼く。

Dark cherry butter cake

Dark cherry butter cake

# ダークチェリーのバターケーキ

甘酸っぱいチェリーがたっぷり。
爽やかなクリームを添えてどうぞ。

**材料**（直径18cmのクグロフ型1台分）

バター … 150g
サワークリーム … 30g
グラニュー糖 … 150g
卵 … 3個
薄力粉 … 150g
ベーキングパウダー … 2g
アーモンドパウダー … 30g
ダークチェリー
　… 缶詰1個分（正味220g）
キルシュ … 適量
クリーム
- サワークリーム … 30g
- 生クリーム … 100cc
- グラニュー糖 … 大さじ1

**下準備**

◆ バターを室温に戻しておく
◆ 卵を室温に戻し、よく溶きほぐしておく
◆ 薄力粉とベーキングパウダーは合わせてふるっておく
◆ アーモンドパウダーをふるっておく
◆ ダークチェリーは水気をしっかりと拭き取り、強力粉(分量外)をまぶしておく
◆ オーブンを170℃に予熱する

**作り方**

1 バターとサワークリームと合わせてボウルに入れる。グラニュー糖を加えてゴムベラで練り混ぜ、泡だて器で白っぽくなるまですり混ぜる。

2 溶きほぐした卵を少しずつ加え、分離しないようにその都度混ぜ合わせ、卵を全部加える（P33）。ダークチェリーを加えて混ぜる。

3 ふるった粉類とアーモンドパウダーをすべて加え、粉っぽさがなくなるまでゴムベラでよく混ぜ合わせる（P33）。

4 型に流し入れ、とんとんと下に数回落として空気を抜く。

5 170℃のオーブンで40分ほど焼く。

6 焼き上がりにキルシュをハケでたっぷりと塗る。

7 クリームを作る。サワークリームと生クリームにグラニュー糖を加え、7分立てに泡だてる。切り分けたケーキにクリームを添える。

*White chocolate & coconut gateau*

White chocolate & coconut gateau

# ホワイトチョコレートとココナッツのガトー

かわいらしいしっとりケーキ。
ココナッツの香ばしさがアクセントに。

**材料**（直径12cmのクグロフ型1台分）

製菓用ホワイトチョコレート … 100g
バター … 90g
グラニュー糖 … 50g
卵 … 2個
薄力粉 … 30g
ベーキングパウダー … 小さじ½
ココナッツファイン（細かいもの）… 70g
コーティング用クリーム
- 製菓用ホワイトチョコレート … 60g
- 生クリーム … 70cc

**下準備**

- ◆ チョコレートはそれぞれ細かく刻む。100gのものはバターと合わせて湯煎で溶かしておく
- ◆ 卵は卵白と卵黄に分けておく
- ◆ 薄力粉とベーキングパウダーは合わせてふるっておく
- ◆ オーブンを180℃に予熱する

**作り方**

1 ボウルに卵黄とグラニュー糖20gを入れ、白くもったりするまで泡だて器ですり混ぜ、溶かしたチョコレートとバターを加えて混ぜる。

2 ふるった粉類をすべて加えて混ぜ、ココナッツファインを入れて混ぜる。

3 別のボウルで卵白を軽く泡だて、残りのグラニュー糖を2〜3回に分けて加え、ピンと角が立つまで泡だてる。

4 3の⅓量を2に加えて混ぜ、残りの3をすべて加えたら、ゴムベラでムラのないようにさっくりと混ぜ合わせる。

5 型に流し入れ、とんとんと下に数回落として空気を抜く。

6 180℃のオーブンで10分焼き、その後150℃に温度を下げて25分焼く。

7 焼き上がったら型から出して、しっかりと冷ます。

8 コーティング用クリームを作る。¼カップの生クリームを鍋に入れて火にかけ、沸騰したら刻んだチョコレートを加えて溶かす。そのまま冷まし、残りの生クリームを加えて混ぜる。7にかける（a）。

大きめのスプーンで全体にコーティング用クリームをかける

Column

2

# フルーツで作るお菓子の材料

フルーツは、おいしさを引き出して使います。
すべて作りやすい分量なので、保存しておいていろいろなお菓子に活用して。

Lemon compote

## レモンのシロップ煮

⇒ P32 レモンパウンドケーキ

### 材料

レモンの薄切り … ½個分
レモン汁 … 1個分
グラニュー糖 … 90g
白ワイン … 大さじ2

### 作り方

すべての材料を鍋に入れ、ゆっくりと中火にかける。グラニュー糖が溶けたら、5分ほど弱火で煮立てて火を止める。

Dried apricot compote

## 干しあんずのシロップ煮

⇒ P34 あんずコンポートのパウンドケーキ

### 材料

干しあんず … 100g
グラニュー糖 … 120g
八角 … 1個
水 … 適量

### 作り方

1 干しあんずは水につけてふやかし、浮いてきた汚れを除く。水は捨てる。

2 ほうろうかステンレスの鍋に1のあんず、グラニュー糖、八角を入れ、ひたひたの水を入れる。火にかけ、煮立ったら弱火にして、アクをすくいながら30分ほど煮る。

Brandied fruits

## フルーツのブランデー漬け

⇒ P36 ブランデー漬けフルーツのパウンドケーキ

### 材料

レーズン … 150g
干しあんず、干しいちじく … 各100g
ブランデー … 適量

### 作り方

レーズン、干しあんず、干しいちじくなどのドライフルーツは、思いついた時に漬け込む。1年でもいいし、1ヶ月でも。1週間でも1日でもいい。長く漬けるとそれだけ味わいは深くなり、2〜3日の漬け込みで軽やかに仕上げても。

Orange syrup

## オレンジシロップ

⇒ P44 チョコレートとゆずのパウンドケーキ

### 材料

オレンジの果汁 … 1個分
グラニュー糖 … 90g
グランマルニエ（オレンジリキュール）… 大さじ1

### 作り方

鍋にオレンジの果汁とグラニュー糖を入れて、グラニュー糖が溶けるまで煮る。火を止めてグランマルニエを加えて混ぜる。

Yuzu marmalade

## ゆずマーマレード

⇒ P44 チョコレートとゆずのパウンドケーキ

### 材料

ゆず … 500g
ゆずの果汁 … 全量
グラニュー糖 … 250g
水 … 1カップ

### 作り方

1 ゆずはよく洗って半分に切り、果汁を搾る。搾り汁は一度漉しておく。

2 皮の白い部分は苦いので取り除き、細切りにする。鍋に入れ、ひたひたの水（分量外）を入れ、ゆでこぼす。水気をしっかりと切る。

3 皮、果汁、水、グラニュー糖を鍋に入れ、強火にかける。沸騰したらアクをすくいながら、絶えず混ぜて中火で煮詰める。

4 一度少量を取って冷ましてみて、冷めたあとに少しとろみが出るようになるまで煮詰めたらできあがり。

※ ゆずのほかに、金柑や甘夏、オレンジでもおいしく作れます。

Apricot compote

## あんずのコンポート

⇒ P58 アーモンドクリームとフルーツのタルト

### 材料

あんず … 500g
グラニュー糖 … 300g
バニラビーンズ … 1本
レモン汁 … 1個分
水 … 2カップ

### 作り方

1 あんずは半分に切って種を取り除く。切り口を上にしてバットに並べ、グラニュー糖150gを振りかけ、ラップをかけて冷蔵庫で一晩おく。

2 出てきた水分を鍋に移し、残りのグラニュー糖、水、バニラビーンズの種を加えて強火にかけ、グラニュー糖が溶けたらあんずとレモン汁を加える。オーブン用シートなどで落としぶたをし、弱火で6〜7分煮る。火を止めてそのまま粗熱を取る（保存容器などに移して冷蔵庫で保存する）。

Prune red wine compote

## プルーンの赤ワイン煮

⇒ P90 プルーン入りショコラフォンダン

### 材料

プルーン … 250g
オレンジ（輪切り）… ½個
シナモンスティック … 1本
バニラビーンズ … ½本
紅茶（濃いめ）… 1カップ
赤ワイン … 1カップ
グラニュー糖 … 60g

### 作り方

1 紅茶にプルーンを1時間ほど浸し、やわらかく戻す。

2 鍋に1を紅茶ごと入れ、ほかの材料も加え、弱火で15分ほど煮る。

Nuts tart

Almond cream & apricot tart

Nuts tart

# ナッツのタルト

ザクザクとしたナッツをたっぷり。
粗塩のアクセントが味を引き締めます。

**材料**（直径18cmのタルト型1台分）

タルト生地（作りやすい分量）

- バター … 120g
- 粉糖 … 90g
- 塩 … ひとつまみ
- 卵 … ½個（25g）
- 薄力粉 … 170g
- アーモンドパウダー … 45g

クレーム・ダマンド

- バター … 50g
- グラニュー糖 … 50g
- 卵 … 1個
- アーモンドパウダー … 60g
- ヘーゼルナッツエキストラ … 少々（あれば）

松の実 … 30g
ピスタチオ … 15g
くるみ … 50g
ドライいちじく … 60g
粗塩 … 約小さじ1

**下準備**

- ◆ バターを室温に戻しておく
- ◆ 卵を室温に戻し、よく溶きほぐしておく
- ◆ 薄力粉、アーモンドパウダーはそれぞれふるっておく
- ◆ 型にバター（分量外）を薄く塗っておく
- ◆ オーブンを180℃に予熱する

発行 河出書房新社

著者 坂田阿希子

# 焼き菓子

ISBN978-4-309-29404-9
C0077 ¥1540E
9784309294049

定価 本体1540円（税別）

注文 部 月 日

帖合・書店印

補充注文カード

販売調査

焼き菓子

このカードは、
売上カード係宛に
さい。
貴店の販売実績として
等に活用いたします。

BBBN4-309-29404-9 C0

## 作り方

1 タルト生地を作る。ボウルにバターを入れ、ゴムベラで軽く練る（P59）。

2 粉糖、塩を加えて空気を含ませながら、泡だて器ですり混ぜる。

3 溶きほぐした卵を加え、よく混ぜ合わせる（P59）。

4 ふるった薄力粉、アーモンドパウダーを加え、バターをすりつぶすようにしながらひとまとめにする（P59）。

5 ラップで包み、冷蔵庫で1時間ほど休ませる。

6 5の生地を5mmの厚さにめん棒でのばし、タルト型に敷く（a、b）。縁にタルトピンで飾りをつける（c）。
※余った生地は、ラップをして密閉袋に入れ、冷凍庫で2～3週間保存可能。冷蔵庫で解凍して使う。

7 クレーム・ダマンドを作る。ボウルにバター、グラニュー糖を入れ、白っぽくなるまで泡だて器ですり混ぜる。

8 溶きほぐした卵を少しずつ加えながらその都度混ぜ、アーモンドパウダー、ヘーゼルナッツエキストラを加えて混ぜる。

9 6の生地に8のクリームを敷き（d）、ナッツ類といちじくを並べ、上に粗塩を振る。

10 180℃のオーブンで40～45分ほど焼く。

生地が破れないよう、めん棒に巻きつけるとよい

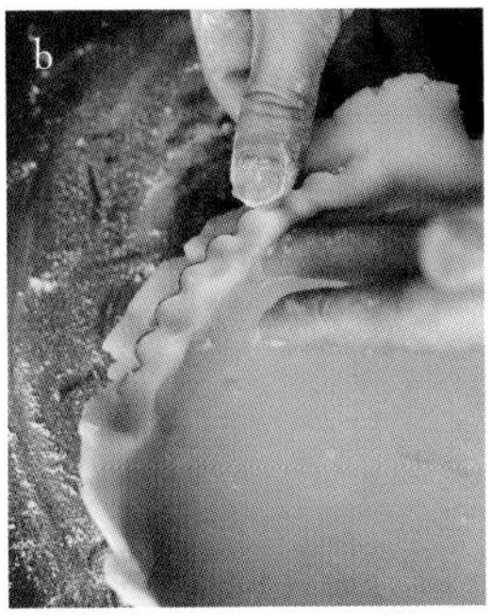


縁は指で生地を押し付けてきちんと敷き込む

縁の生地をタルトピンで挟んで模様を入れる

ゴムベラでクリームを均等な厚さに広げる

Almond cream & apricot tart

# アーモンドクリームとあんずのタルト

あんずは焼くことで甘さが引き立ちます。
アーモンドクリームとの相性抜群

**材料**（縦25cm ×横10cm のタルト型１台分）

タルト生地（作りやすい分量）

- バター … 120g
- 粉糖 … 90g
- 塩 … ひとつまみ
- 卵 … ½個（25g）
- 薄力粉 … 170g
- アーモンドパウダー … 45g

クレーム・ダマンド

- バター … 50g
- グラニュー糖 … 50g
- 卵 … １個
- アーモンドパウダー … 60g
- バニラ・エキストラクト … 少々
- アマレット（アーモンドの香りのあんずのリキュール） … 小さじ２

あんずのコンポート（P53）… 適量

あんずのコンポートの煮汁（P53）… 大さじ２

グラニュー糖（仕上げ用）… 適量

アマレット … 小さじ２

**下準備**

- ◆ バターを室温に戻しておく
- ◆ 卵を室温に戻し、よく溶きほぐしておく
- ◆ 薄力粉、アーモンドパウダーはそれぞれふるっておく
- ◆ 型にバター（分量外）を薄く塗っておく
- ◆ オーブンを180℃に予熱する

## 作り方

1 タルト生地を作る。ボウルにバターを入れ、ゴムベラで軽く練る（a）。

2 粉糖、塩を加えて空気を含ませながら、泡だて器ですり混ぜる。

3 溶きほぐした卵を加え、よく混ぜ合わせる（b）。

4 ふるった薄力粉、アーモンドパウダーを加え、バターをすりつぶすようにしながらひとまとめにする（c）。

5 ラップで包み、冷蔵庫で1時間ほど休ませる。

6 5の生地を5mmの厚さにめん棒でのばし、タルト型に敷く（P57）。
※余った生地は、ラップをして密閉袋に入れ、冷凍庫で2〜3週間保存可能。冷蔵庫で解凍して使う。

7 クレーム・ダマンドを作る。ボウルにバター、グラニュー糖を入れ、白っぽくなるまで泡だて器ですり混ぜる。

8 溶きほぐした卵を少しずつ加えながらその都度混ぜ、アーモンドパウダー、バニラ・エキストラクト、アマレットを加えて混ぜる。

9 6の生地に8のクリームを敷き（P57）、水気を切ったあんずのコンポートを並べる。上にグラニュー糖（仕上げ用）を振る。

10 180℃のオーブンで40分ほど焼く。

11 焼き上がったら、あんずのコンポートの煮汁とアマレットを混ぜたものをハケで塗る。

塊がないようにゴムベラでバターを混ぜる

卵は分離しないうよう、しっかりと混ぜ合わせる

練らないように、ゴムベラを押し付けて混ぜる

*Tarte au flan*

Tarte au flan

# タルト・フラン

まるで焼きプリンのような素朴さ。
タルト生地はザックリと軽い食感が楽しめます。

### 材料（直径18cm のマンケ型１台分）

ブリゼ生地（約２回分）

- バター … 100g
- グラニュー糖 … 10g
- 塩 … 3g
- 卵黄 … １個分
- 薄力粉 … 200g
- 冷水 … 60cc

アパレイユ

- サワークリーム … 70g
- 卵 … １個
- 卵黄 … ２個分
- グラニュー糖 … 50g
- 生クリーム … 350cc
- バニラビーンズ … ½本

### 下準備

◆ バターは冷やしておく
◆ 薄力粉はふるっておく
◆ 型にバター（分量外）を薄く塗っておく
◆ オーブンを180℃に予熱する

### 作り方

1 ブリゼ生地を作る。ボウルにふるった薄力粉、冷やしたバターを小さく切ったもの、グラニュー糖、塩を入れ、カードでバターを細かく切るようにする（a）。

2 バターが細かくなったら、ポロポロとした粒になるまで指先で混ぜる（b）。

3 卵黄と冷水を混ぜて2に少しずつ加え、ひとまとまりになるまで混ぜる（c）。ラップで包み、冷蔵庫で1時間以上休ませる。

4 3の生地を5mmの厚さにめん棒でのばし、タルト型に敷く（P57）。フォークでところどころ穴をあける。冷蔵庫で1時間ほど休ませる。
※余った生地は、ラップをして密閉袋に入れ、冷凍庫で２～３週間保存可能。冷蔵庫で解凍して使う。

5 オーブン用シートをかぶせて重石を置き、180℃のオーブンで20分から焼きする。

6 アパレイユを作る。ボウルにサワークリームを入れ、卵、卵黄、グラニュー糖を加え、泡だて器でよく混ぜ合わせる。生クリーム、バニラビーンズの種を加え（d）、さらに混ぜる。5の生地に流し入れる。

7 160℃のオーブンで40～50分焼く。

8 焼き上がったら、粗熱を取り、冷蔵庫でしっかりと冷やして型から出す。

カードでバターを切るようにして混ぜる

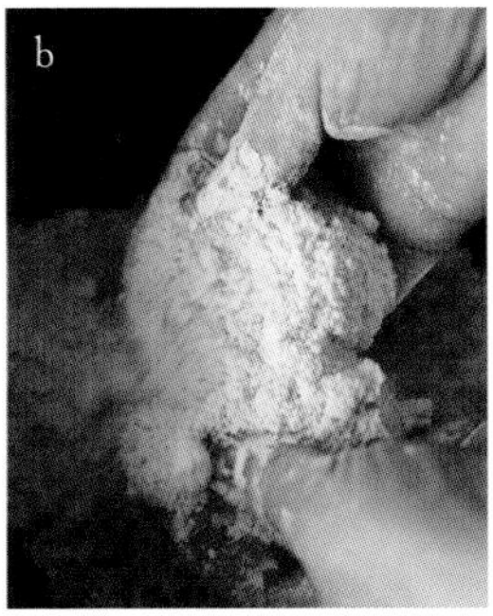

ポロポロと粒の大きい粉状になればOK

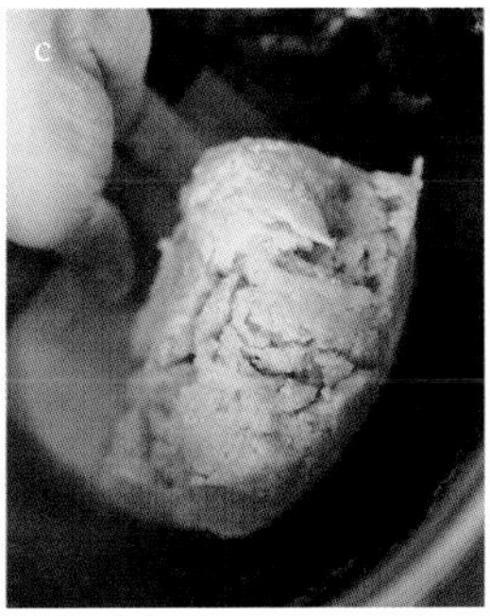

やや粉気があるが、ひとつにまとまっている

バニラビーンズの種をナイフでこそいで加える

Lemon tart

Lemon tart

# レモンタルト

きゅん！と酸味を効かせました。
生地のもつバターの風味とよく合います。

## 材料（直径8cmのタルトリング4個分）

タルト生地（作りやすい分量）

- バター … 120g
- 粉糖 … 90g
- 塩 … ひとつまみ
- 卵 … ½個（25g）
- 薄力粉 … 170g
- アーモンドパウダー … 45g

レモンクリーム

- 卵 … 1個
- 卵黄 … 1個分
- グラニュー糖 … 80g
- レモン汁 … 60cc
- バニラビーンズ … ⅓本
- バター … 40g

ピスタチオ… 適宜（あれば）
レモンの皮のすりおろし（仕上げ用）… 適量

## 下準備

◆ バターは室温に戻しておく
◆ 卵を室温に戻し、よく溶きほぐしておく
◆ 薄力粉、アーモンドパウダーはそれぞれふるっておく
◆ 型にバター（分量外）を薄く塗っておく
◆ 天板にオーブンシートを敷き、タルトリングを置く
◆ オーブンを180℃に予熱する

## 作り方

1 タルト生地を作る。ボウルにバターを入れ、ゴムベラで軽く練る（P59）。

2 粉糖、塩を加えて空気を含ませながら、泡だて器ですり混ぜる。

3 溶きほぐした卵を加え、よく混ぜ合わせる（P59）。

4 ふるった薄力粉、アーモンドパウダーを加え、バターをすりつぶすようにしながらひとまとめにする（P59）。

5 ラップで包み、冷蔵庫で1時間ほど休ませる。

6 5の生地を5mmの厚さにめん棒でのばし、タルト型に敷く（P57）。フォークでところどころ穴をあける。冷蔵庫で1時間ほど休ませる。
※余った生地は、ラップをして密閉袋に入れ、冷凍庫で2～3週間保存可能。冷蔵庫で解凍して使う。

7 オーブン用シートをかぶせて重石を置き、180℃のオーブンで15分ほどから焼きする。途中5分ほどでふくらんでくるので、竹串などで刺して空気を抜くこと。

8 レモンクリームを作る。卵と卵黄を泡だて器でよく混ぜ、ざるで漉して鍋に移す。グラニュー糖を加えて混ぜる。

9 火にかけてもったりとした濃度がつくまで、中火で加熱する（a）。

10 レモン汁、バニラビーンズの種を加え（P61）、混ぜる。さらにクリーム状になるまで混ぜながら加熱する。

11 火からおろしてバターを加えて余熱で溶かし、7の生地に流し入れる。

12 220℃のオーブンで5～6分焼く。

13 粗熱が取れたら冷やす。あればピスタチオを飾る。レモンの皮のすりおろし（仕上げ用）を散らす。

とろみがつき、かき混ぜると鍋底が見えるくらい

Tarte sucrée

Tarte sucrée

# タルト・シュクレ

“シュクレ”はフランス語で砂糖のこと。
素朴でシンプルな古き良きタルトです。

## 材料（直径18cmのタルト型1台分）

ブリゼ生地（約2回分）

- バター…100g
- グラニュー糖…10g
- 塩…3g
- 卵黄…1個分
- 薄力粉…200g
- 冷水…60cc

アパレイユ

- 卵黄…2個分
- カソナード（フランスのブラウンシュガー）…70g
- 塩…ひとつまみ
- 薄力粉…小さじ2（7g）
- アーモンドパウダー…30g
- 生クリーム…70cc

バター（仕上げ用）…40g
カソナード（仕上げ用）…30g

## 下準備

- ◆バターは冷やしておく
- ◆ブリゼ生地の薄力粉はふるっておく
- ◆アパレイユの薄力粉とアーモンドパウダーは合わせてふるっておく
- ◆型にバター（分量外）を薄く塗っておく
- ◆オーブンを180℃に予熱する

## 作り方

1 ブリゼ生地を作る。ボウルにふるった薄力粉、冷やしたバターを小さく切ったもの、グラニュー糖、塩を入れ、カードでバターを細かく切るようにする（P61）。

2 バターが細かくなったら、ポロポロとした粒になるまで指先で混ぜる（P61）。

3 卵黄と冷水を混ぜて2に少しずつ加え、ひとまとまりになるまで混ぜる（P61）。ラップで包み、冷蔵庫で1時間以上休ませる。

4 アパレイユを作る。ボウルに卵黄、カソナードを入れて泡だて器で混ぜ、塩、ふるった粉類を加えて混ぜる。生クリームを加え、さらによく混ぜ合わせる。

5 3の生地を5mmの厚さにめん棒でのばし、タルト型に敷く（P57）。フォークでところどころ穴をあける。冷蔵庫で1時間ほど休ませる。
※余った生地は、ラップをして密閉袋に入れ、冷凍庫で2～3週間保存可能。冷蔵庫で解凍して使う。

6 オーブン用シートをかぶせて重石を置き、180℃で20分から焼きする。

7 6の生地に4のアパレイユを流し入れる。バター（仕上げ用）は小さく切って上にのせ、カソナードを上から振りかける。

8 180℃のオーブンで30分焼く。

Quiche Lorraine

Quiche Lorraine

# キッシュ・ロレーヌ

基本のブリゼ生地は塩味ともよく合います。
チーズとベーコンでうまみたっぷり。

**材料**（直径18cmのセルクル型1台分）

ブリゼ生地（約2回分）

- バター … 100g
- グラニュー糖 … 10g
- 塩 … 3g
- 卵黄 … 1個分
- 薄力粉 … 200g
- 冷水 … 60cc

アパレイユ

- 卵 … 1個
- 卵黄 … 1個分
- 生クリーム … 100cc
- 牛乳 … 30cc
- 塩 … 小さじ½
- ナツメグ … 小さじ⅓
- グリエールチーズ … 40g

ベーコン（ブロック）… 90g
玉ねぎ … ½個
マッシュルーム … 4個
ほうれん草 … ½束
塩、こしょう … 各適量
オリーブオイル … 大さじ1

**下準備**

◆ バターは冷やしておく
◆ ブリゼ生地の薄力粉はふるっておく
◆ 型にバター（分量外）を薄く塗っておく
◆ オーブンを180℃に予熱する

**作り方**

1 ブリゼ生地を作る。ボウルにふるった薄力粉、冷やしたバターを小さく切ったもの、グラニュー糖、塩を入れ、カードでバターを細かく切るようにする（P61）。

2 バターが細かくなったら、ポロポロとした粒になるまで指先で混ぜる（P61）。

3 卵黄と冷水を混ぜて2に少しずつ加え、ひとまとまりになるまで混ぜる（P61）。ラップで包み、冷蔵庫で1時間以上休ませる。

4 ベーコンは1cm角に切り、玉ねぎは粗みじん切り、マッシュルームは薄切り、ほうれん草はザク切りにする。フライパンにオリーブオイルを熱し、ベーコンがカリッとするまで炒める。玉ねぎ、マッシュルームを加えて炒め、ほうれん草を加えて炒め合わせる。塩、こしょうをし、バットに広げて冷ます（a）。

5 3の生地を5mmの厚さにめん棒でのばし、セルクル型に敷く（P57）。フォークでところどころ穴をあける。冷蔵庫で1時間ほど休ませる。
※余った生地は、ラップをして密閉袋に入れ、冷凍庫で2～3週間保存可能。冷蔵庫で解凍して使う。

6 オーブン用シートをかぶせて重石を置き、180℃で20分から焼きする。

7 4を6の生地の上に広げる。

8 アパレイユを作る。ボウルに卵、卵黄を入れて混ぜ、生クリーム、牛乳、塩、ナツメグ、グリエールチーズを加えて混ぜる。7に流し入れる。

9 180℃のオーブンで30分焼く。

空気に触れる面が多いと早く冷める

Apple crumble

Apple crumble

# りんごのクランブル

ザクザクとしたクランブルとりんごで、
香ばしさと甘酸っぱさを楽しんで。

## 材料（5～6人分）

りんご（あれば紅玉など酸味の強いもの）
　… 小さめのもの5～6個
バター … 大さじ2
グラニュー糖 … 大さじ2
白ワイン … 大さじ2
水 … ¼カップ
レモン汁 … 大さじ1
シナモンパウダー … 小さじ½
カルバドス（りんご酒）… 小さじ2
クランブル
　バター … 80g
　きび砂糖 … 80g
　小麦粉 … 50g
　アーモンドパウダー … 50g
　シナモンパウダー … 小さじ1
くるみ … 30g
粉糖（仕上げ用）… 適量
バニラアイスクリーム … 適宜（お好みで）

## 下準備

◆ クランブルのバターは冷やしておく
◆ オーブンを200℃に予熱する

## 作り方

1 りんごは皮付きのまま芯を取り、くし形切りにする。フライパンにバターを熱し、りんごを加えて炒める。しんなりしてきたら、白ワイン、水、レモン汁、グラニュー糖を加えてりんごが透明になるまで煮る。火を止めてシナモンパウダー、カルバドスを加え、香りをつける。

2 クランブルを作る。ボウルに冷たいバターを小さく切ったもの、きび砂糖、小麦粉、アーモンドパウダー、シナモンパウダーを加えて、手でそぼろ状になるまで混ぜる（a）。

3 耐熱皿に1のりんごを入れ、上に2のクランブルをのせ、くるみを散らす。

4 200℃のオーブンで20分焼く。

5 粉糖（仕上げ用）を振る。皿に取り分け、お好みでバニラアイスクリームを添える。

生地の塊ができてポロポロとした状態

Figs gratin

Figs gratin

# いちじくのグラタン

バニラの風味豊かなソースを、
とろりと甘いいちじくに絡めていただきます。

**材料**（3～4人分）
卵黄…4個分
きび砂糖…70g
生クリーム…150cc
白ワイン…大さじ2
マディラ酒（酒精強化ワイン）…小さじ2
バニラビーンズ…¼本
いちじく…4～5個
きび砂糖（仕上げ用）…適量
粉糖（仕上げ用）…適量

**下準備**
◆卵黄を室温に戻しておく
◆オーブンを200℃に予熱する

**作り方**
1　卵黄をボウルに入れて溶きほぐし、きび砂糖を加えて湯煎にかけながら、もったりとするまで泡だてる。

2　白ワイン、マディラ酒を加え、バニラビーンズの種を加え（P61）、さらに泡だてる。

3　別のボウルで生クリームを6分立てくらいに泡だて（a）、2に加えて混ぜる。

4　いちじくは皮付きのまま丸ごと、または2等分にして耐熱皿に並べる。3のソースをかけ（b）、きび砂糖（仕上げ用）を振る。

5　200℃のオーブンで15～20分、焦げ目がつくまで焼き上げる。粉糖（仕上げ用）を振る。

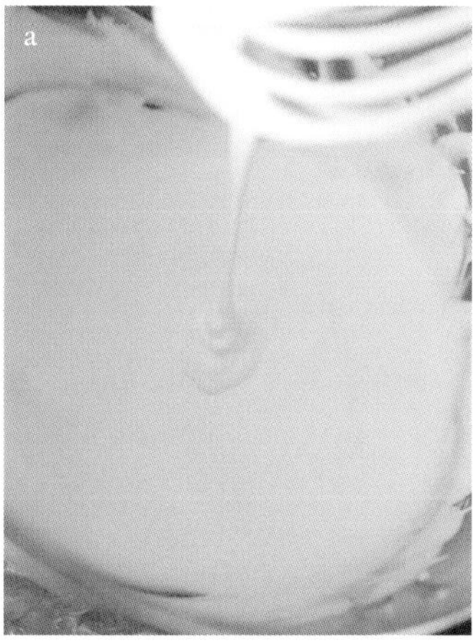

すくって落ちた跡が数秒残るくらいが目安

中央からそっとソースをかけると全体に広がる

Orange & Grand Marnier soufflé

Orange & Grand Marnier soufflé

# オレンジと
# グランマルニエのスフレ

口に入れると泡のように溶ける食感です。
オレンジの香りがふんわり爽やか。

**材 料**（直径10cmのココット型2～3個分）

卵 … 2個
グラニュー糖 … 20g
きび砂糖 … 40g
薄力粉 … 20g
牛乳 … 70cc
生クリーム … 50cc
オレンジの皮のすりおろし … 1個分
オレンジの果汁 … 大さじ2～3
グランマルニエ（オレンジリキュール）… 適量
粉糖（仕上げ用）… 適量

**下 準 備**

◆ 卵は室温に戻しておく
◆ 薄力粉はふるっておく
◆ 型の側面だけにバター（分量外）を薄く塗り、型をまわしながら側面にグラニュー糖（分量外）をつける
◆ オーブンを180℃に予熱する

**作り方**

1 卵は卵黄と卵白に分け、卵黄にグラニュー糖を加えてもったりするまで泡だて器で混ぜる。

2 ふるった薄力粉を加えて混ぜ、牛乳と生クリームを加えて混ぜる。

3 2を鍋に入れ、中火にかけてもったりと固くなるまで温める。すぐボウルに移し、オレンジの皮のすりおろし、オレンジの果汁、グランマルニエを加えてしっかりと混ぜ合わせる。

4 別のボウルに卵白を入れて少し泡だて、きび砂糖を2～3回に分けて加えながらその都度混ぜ、しっかりとしたメレンゲにする（a）。

5 3に4のメレンゲの⅓量を加えて泡だて器でよく混ぜ、残りをすべて加えてムラのないように、ボウルをまわしながらさっくりと混ぜる。

6 生地を型に流し入れ、パレットナイフなどで表面をならす。型のまわりについた生地は、きれいに指で拭き取る。

7 180℃のオーブンに入れ、18～20分焼く。好みで、焼きたてにさらにグランマルニエを振る。粉糖（仕上げ用）を振る。

泡だて器にもったりとつき、角ができている状態

## Banana Génoise

Banana Génoise

# バナナのジェノワーズ

しっとりとした食感とバナナのやさしい甘さ。
ラム風味のクリームを添えて絶品に。

**材 料**（直径15cmの丸型1台分）

卵 … 2個
きび砂糖 … 50g
薄力粉 … 60g
バター … 3g
牛乳 … 10cc
バナナ … 1本
レモン汁 … 少々
粉糖（仕上げ用）… 適量
添えるシャンティ
- 生クリーム … 100cc
- きび砂糖 … 大さじ1
- ラム酒 … 小さじ1

**下準備**

◆ 卵は室温に戻しておく
◆ 薄力粉はふるっておく
◆ バターと牛乳を合わせて、湯煎にかけてバターを溶かしておく
◆ 型にバター（分量外）を薄く塗り、型をまわしながら側面にグラニュー糖（分量外）をつける
◆ オーブンを180℃に予熱する

**作り方**

1 バナナはフードプロセッサーにかけ、レモン汁を加えてなめらかになるまで攪拌する。

2 ボウルに卵を割りほぐし、きび砂糖を加えて混ぜる。湯煎にかけながら、もったりと白っぽくなり、泡だて器を持ち上げたときに線が描けるくらいになるまで泡だてる（a）。

3 ふるった薄力粉を加え、ゴムベラで一気に粉を下から持ち上げるような感じで混ぜる。バナナも加え（b）、粉のムラがなくなるまで混ぜる。

4 バターを溶かした牛乳を3に加えてやさしく混ぜ、型に流し入れる。

5 180℃のオーブンで30分ほど焼く。

6 焼き上がったら型から取り出して冷ます。粉糖（仕上げ用）を振る。

7 生クリームにきび砂糖とラム酒を加えて泡だて、ケーキに添える。

生地を持ち上げると、跡がこんもりと残るくらい

まだやや粉気が残っているくらいでバナナを加える

Column

3

# 大好きな紅茶とお菓子の話

紹介しているお菓子は、紅茶に合うものばかり。
私なりの紅茶の楽しみ方をお教えします。

私にとっての紅茶は、

朝めざめたときに

仕事を始める前に

ほっとひと息つくときに

眠る前のくつろぐときに

友人とのおしゃべりのときに

欠かせないもの。

紅茶のおいしさを知ってからは、気がついたら一日に何杯も紅茶を飲むようになっていました。せわしなく過ぎてゆく毎日の中で、ふと落ち着きたくなったら、無意識のうちに紅茶を淹れているのだと思います。旅先でも、その国のお茶を必ず買います。紅茶に限らず、中国茶だったり緑茶だったりしますが、宿泊先の部屋に帰って飲む一杯のお茶で、世界中のどこにいても、いつもの自分に立ち返ることができるような気がするのです。

お菓子を食べるときには、紅茶、緑茶、ほうじ茶、中国茶、抹茶、コーヒーなどの中から、そのお菓子に合わせた、また気分に合わせたお茶を楽しみます。なかでも、紅茶は自宅でもおいしく淹れることができるので、自然と紅茶を合わせることが多くなります。

一方、外でお菓子を食べるときは、自分ではなかなかおいしく淹れることができないコーヒーを頼むことが多いです。コーヒーのおいしいお店はたくさんあるのに、紅茶のおいしいお店は少ない。常々、ちょっと残念に思っていることのひとつです。

紅茶を選ぶとき、どの国のもの、というこだわりはありません。写真手前のものは、ウイーンで購入したものですが、私の定番はアイルランドのCampbell、イギリスのトワイニング、リプトンのブレックファーストティーやアッサムティーです。ミルクティーにして飲むことがほとんどなので、しっかりとコクのある茶葉、またはバニラ、ナッツ、キャラメルなどミルクと相性のいいフレーバーが好きです。

## お菓子に合わせたお茶選び

紅茶に合わない焼き菓子というのは、ほとんどありません。小麦粉やバターのほろほろっとした口触りと紅茶はぴったり。やはり、イギリス風の焼き菓子にはよく合います。フランス風のお菓子は甘みも強く、お酒もたっぷりと使われているので、コーヒーが合うお菓子も多いですね。例えばチョコレート菓子だったら、私は断然コーヒー。甘みが強いマカロンも同じく、コーヒーと一緒にいただくのが好きです。ただし、それがバラやライチなどの繊細な香りのするマカロンだったとしたら、迷わず紅茶を選んでいます。

今回ご紹介している焼き菓子なら、クッキーやビスケット、ショートブレッドには、やはり紅茶を合わせたいところ。でも、シナモンやレモンの香りをつけたスペインのお菓子、ポルボロンだったら、濃いめのコーヒーもおいしいと思います。パウンドケーキは、どんな風味のものも紅茶によく合いますが、塩気のあるチーズパウンドは、コーヒーもいいかもしれません。

いつもなら、シュークリームには紅茶派の私。でもこの本で紹介したレシピは塩味とキャラメルの苦みをきかせた、メリハリのあるシューだから、コーヒーにもきっと合うはずです。また、44ページでご紹介したチョコレートパウンドには柑橘のマーマレードで風味を加えています。コーヒー以外にも、柑橘系のアールグレイや、レモンティーでもきっとさわやかにいただけると思います。

## 自分で作るフレーバーティー

お菓子を作ったあと、煮出したバニラビーンズや、フルーツの皮、シナモンスティックなどが余ってしまうことがよくあります。そんなとき、私は少し乾燥させてから紅茶の葉の中に入れておきます。市販のフレーバーティーよりも、ずっと上品な香りがついておすすめ。国産の甘夏や金柑などの皮があれば乾燥させてピールにするといいし、使わずに余っているカルダモンやクローブなどのスパイス、乾燥させたしょうがなども。いろいろと気軽に試してみてください。

こうして考えてみると、お菓子とお茶の楽しみ方は本当に幅広いもの。型にはまることなく、好きな味、好きな組み合わせを試して、自分なりのお気に入りを見つけるのも楽しいものです。

*Caramel cream puff*

Mousseline short cake

Caramel cream puff

# キャラメル
# シュークリーム

塩味を少し効かせたシューは小さめに焼くのもポイント。
ほろ苦いキャラメルがいいアクセントです。

**材 料**（約20個分）

シュー生地
- バター … 60g
- 砂糖 … 小さじ1
- 塩 … 3g
- 牛乳 … 60cc
- 水 … 60cc
- 薄力粉 … 40g
- 強力粉 … 30g
- 卵 … 2～3個

カスタードクリーム
- 牛乳 … 500cc
- バニラビーンズ … ½本
- 卵黄 … 6個分
- 砂糖 … 125g
- 薄力粉 … 50g
- バター … 30g
- グランマルニエ（オレンジリキュール）… 小さじ2

キャラメル
- グラニュー糖 … 100g
- 水 … 大さじ2

**下準備**

◆ シュー生地の薄力粉と強力粉は合わせてふるっておく
◆ カスタードクリームの薄力粉はふるっておく
◆ カスタードクリームのバターを室温に戻しておく
◆ 天板にオーブン用シートを敷く
◆ オーブンを190℃に予熱する

## 作り方

1 シュー生地を作る。鍋に牛乳、水、砂糖、塩、バターを入れて火にかけ、沸騰してバターがすべて溶けたら、ふるった粉類を一気に加える。

2 木ベラで混ぜながら中火にかけ、生地がひとまとまりになり、鍋底に薄く生地の膜が張るくらいになったら（a）、火を止めてボウルに移す。

3 卵はよく溶きほぐし、2に少しずつ加え、その都度混ぜる。生地を木ベラで持ち上げたとき、生地が三角形を作りながらぼたっと落ちるくらいの固さになったら（b）、卵を加えるのをやめる。足りなければ卵を足す。

4 絞り出し袋に入れ、天板に直径3cmで4cmほどの間隔をあけて絞り出す。フォークの先に残った卵をつけ、生地の上を軽く押さえる（d）。

5 190℃のオーブンで15分焼き、ふくらんで焼き色がついてきたら、180℃に下げて15～20分、割れ目にもしっかりと焼き色がつくまで焼く。焼き上がったらケーキクーラーなどにのせ、粗熱を取る。

6 生地を焼いている間にカスタードクリームを作る。鍋に牛乳と縦に切れ目を入れて裂いたバニラビーンズをさやごと入れて火にかけ、沸騰直前で火を止める。

7 ボウルに卵黄と砂糖を入れて泡だて器で混ぜ、ふるった薄力粉を加えて混ぜる。6の牛乳のみを加えて混ぜ合わせ、漉して鍋に戻す。バニラビーンズは種を取り出して加える（P61）。

8 7を強火にかけ、ふつふつと煮立ってとろみがつくまで混ぜながら加熱する。なめらかになりつやが出てきたら（c）、バットに入れてぴったりとラップをし、粗熱を取る。

9 粗熱が取れた8にバターを加えて混ぜ、グランマルニエを加えてさらに混ぜる。

10 粗熱が取れた5の生地の底に菜箸などで穴をあけ、絞り袋に入れたカスタードクリームを絞り出してたっぷり詰める。

11 鍋にキャラメルの材料を入れて中火にかけ、焦げてキャラメル色になってきたら、鍋底を水につけて色止めする。

12 シューの上部にキャラメルをつけ、オーブン用シートを敷いた天板などに、つけた部分を下にして並べて乾かす。

薄い膜の生地が鍋底につくくらいになればOK

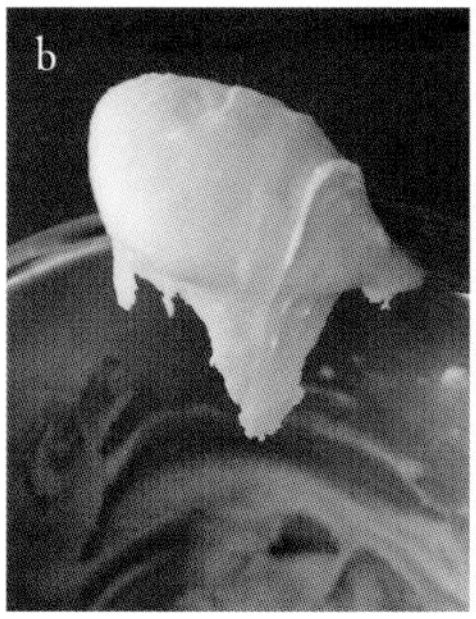

生地を持ち上げると三角形になる

混ぜた跡が残るくらい、粘りがある

フォークの先で生地を押さえてキレイに

Mousseline short cake

# ムースリーヌの
# ショートケーキ

カスタードに生クリームを混ぜたムースリーヌ。
しっとり生地とキルシュで大人の味わい。

## 材料（直径15cm 1台分）

スポンジ生地

- 卵 … 2個
- グラニュー糖 … 50g
- 薄力粉 … 55g
- アーモンドパウダー … 15g
- バター … 15g

ムースリーヌ

- 牛乳 … 250cc
- バニラビーンズ … ½本
- 卵黄 … 3個分
- 砂糖 … 70g
- 薄力粉 … 30g
- バター … 80g
- キルシュ … 小さじ2

シロップ

- 水 … 50cc
- グラニュー糖 … 25g
- キルシュ … 小さじ2

いちご … 15 ～ 16粒
ピスタチオ（粗みじん切り）
… 小さじ2
生クリーム … 適量

## 下準備

◆ スポンジ生地のバターは溶かしておく
◆ ムースリーヌのバターは室温に戻しておく
◆ 卵を室温に戻しておく
◆ 薄力粉、アーモンドパウダーはそれぞれふるっておく
◆ スポンジ用の丸型にオーブン用シートを敷き込む
◆ オーブンを170℃に予熱する

## 作り方

1 シロップを作る。水、グラニュー糖を鍋に入れて煮立て、グラニュー糖が溶けたら火を止めてキルシュを加えて混ぜ、冷ます。

2 スポンジ生地を作る。ボウルに卵を入れ、グラニュー糖を加えて湯煎にかけ、温度が上がったらハンドミキサーで泡だてる。持ち上げて線が描けるくらいまで泡だてる。

3 ふるった薄力粉、アーモンドパウダーを加えて混ぜ、溶かしたバターを加えて混ぜる。

4 型に3を流し入れ、170℃のオーブンで30分焼く。焼き上がったら、型から出して冷ます。

5 ムースリーヌを作る。鍋に牛乳とバニラビーンズを入れて火にかけ、沸騰直前で火を止める。

6 ボウルに卵黄と砂糖を入れて泡だて器で混ぜ、ふるった薄力粉を加えてさらに混ぜる。5の牛乳のみを加えて混ぜ、漉して鍋に戻す。バニラビーンズは種を取り出して加える（P61）。

7 6を強火にかけ、ふつふつと煮たってとろみがつくまで混ぜながら加熱する。なめらかになりつやが出てきたら、バットに入れてラップをし、粗熱を取る。

8 室温に戻したバターを泡だて器で混ぜ、ふんわりとさせる。

9 別のボウルに7のクリームを入れ、泡だて器でなめらかになるまで混ぜる。8のバターを少しずつ加え、その都度混ぜていく（a）。最後にキルシュを加えて混ぜる。丸口金をつけた絞り袋に入れる。

10 4の生地は、上面の焼き色の部分を切り落とし、横に2枚に切る。セルクルの内側の大きさに合わせて切り、底板を敷いたセルクルの中にスポンジを1枚入れて敷く。

11 10のスポンジを1のシロップでたっぷりと湿らせ、9のムースリーヌを浅く絞り入れる。半分に切ったいちごを、切り口が外側になるように周囲に並べ（b）、残りのいちごは丸ごと内側に均等に並べる。

12 いちごが埋まるまでムースリーヌを絞り（c）、表面を平らにならし、もう1枚のスポンジを重ねる。シロップで湿らせ、冷蔵庫で1～2時間冷やす。

13 上面に泡だてた生クリームを塗って、パレットで平らにならし、セルクルをはずす。ピスタチオを飾る。

あらかじめバターを溶かしておくこと

切り口をセルクルに沿わせていちごを並べる

いちごの隙間を埋めるようにクリームを絞る

Mocha roll cake

Mocha roll cake

# モカロールケーキ

こっくり濃厚なバタークリームも、
ほろ苦いコーヒーで後味さっぱり。

## 材料（28cm×28cmの天板1枚分）

ロール生地
- 卵 … 3個
- グラニュー糖 … 70g
- 薄力粉 … 40g
- バター … 7g
- 牛乳 … 15cc

バタークリーム
- グラニュー糖 … 100g
- 水 … 25cc
- 卵白 … 50g
- バター … 200g
- ラム酒 … 小さじ2

生地 & クリーム（半量ずつ）
- インスタントコーヒー … 大さじ2
- 熱湯 … 小さじ2

## 下準備

◆ 卵は室温に戻しておく
◆ 薄力粉はふるっておく
◆ ロール生地のバターと牛乳を合わせ、湯煎にかけてバターを溶かしておく
◆ インスタントコーヒーは熱湯で溶いておく
◆ バタークリームのバターは室温に戻しておく
◆ 天板にオーブン用シートを敷く
◆ オーブンを200℃に予熱する

## 作り方

1 ロール生地を作る。ボウルに卵を割りほぐし、グラニュー糖を加えて湯煎にかけ、白くもったりするまで泡だてる。持ち上げて線が描けるくらいになるまで泡だてる。

2 ふるった薄力粉を一気に加え、ムラのないようにゴムベラなどで混ぜる。バターを溶かした牛乳、熱湯で溶いたコーヒーの半量をゴムベラを伝わせて加え、ムラのないように混ぜる。

3 天板に流し入れ、表面を平らにし、下に数回落として空気を抜く。

4 200℃のオーブンで10分焼く。

5 すぐに天板からはずしてケーキクーラーにのせ、ビニール袋などにすっぽり入れて、乾かないようにしながら粗熱を取る。

6 バタークリームを作る。鍋にグラニュー糖と水を入れて強火にかけ、117℃まで加熱する。

7 同時にボウルに卵白を入れ、少しもったりするまでハンドミキサーで泡だてる。

8 6のシロップを7のメレンゲに少しずつ加えながら、ハンドミキサーを高速にして泡だてていく（a）。つやのあるイタリアンメレンゲができる。

9 しばらく泡だて続けて、しっかりと粗熱が取れたら、バターを少しずつ加えて泡だてていく。

10 バターがすべて混ざったら、残りのコーヒー、ラム酒を加えて混ぜる。

11 5の生地を裏返しにしてオーブンペーパーをはがし、そのままさらに裏返して焼き面を上にする。10のクリームを平らに塗り（b）、手前からペーパーを持ち上げながら巻いていく（c、d）。

12 巻き終わったらラップに包み、冷蔵庫に30分ほど入れて落ち着かせる。

泡だてながら、少しずつシロップを加える

筋を入れておくと、あとで巻きやすい

めん棒を押し当てながら巻いていく

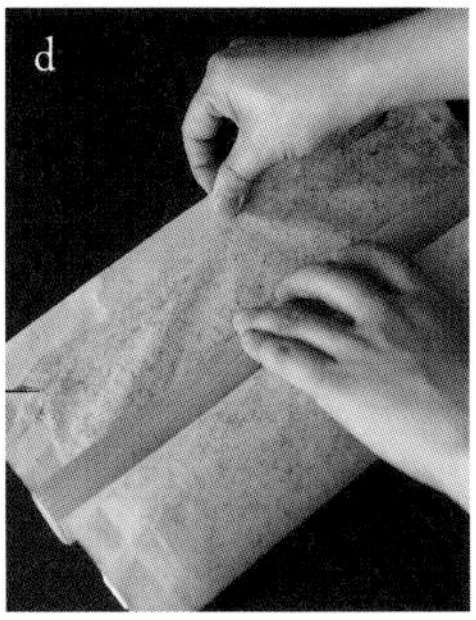

巻き終わりは手前にキュッと引いて締める

Cheese Terrine

Cheese terrine

# チーズテリーヌ

まるでチーズそのものを食べているよう。
フレッシュな桃のコンポートで爽やかに。

**材料**（縦17cm×横8cm×高さ7cmのパウンド型1台分）

クリームチーズ … 250g
サワークリーム … 150g
グラニュー糖 … 100g
卵黄 … 2個分
卵 … 1個
生クリーム … 150cc
コーンスターチ … 大さじ2
バニラビーンズ … ½本
桃のマリネ
- 白桃 … 1個
- グラニュー糖 … 大さじ2
- バニラビーンズ … ½本
- レモン汁 … 小さじ1
- 白ワイン … 小さじ2

**下準備**

◆ クリームチーズ、サワークリームは室温に置き、やわらかくしておく
◆ コーンスターチをふるっておく
◆ 型にオーブン用シートをきっちりと敷く
◆ オーブンを160℃に予熱する

**作り方**

1 クリームチーズがゴムベラで練られるくらいのやわらかさになったら、サワークリームとグラニュー糖を加え、なめらかになるまで泡だて器で混ぜる。

2 卵黄を1個ずつ加え、その都度混ぜる。卵を加えて混ぜ、生クリームを加えてさらに混ぜ合わせる。

3 バニラビーンズは半分に裂いて種を取る（P61）。2に加え、ふるったコーンスターチを加えて混ぜる。

4 型に流し入れ、とんとんと下に数回落として表面を平らにし、空気を抜く。

5 型をバットなどに入れ、型の⅓くらいの高さまで熱湯を張り、天板にのせる。

6 160℃のオーブンで1時間ほど蒸し焼きにする。

7 粗熱が取れたら、冷蔵庫で冷やす。できれば一晩ほどしっかりと冷やしてから切り分ける。

※皮をむいた白桃を食べやすい大きさに切り、グラニュー糖、バニラビーンズ、レモン汁、白ワインでマリネしたものを添えるとおいしい。

Custard pudding

Custard pudding

# カスタードプリン

どこか懐かしい素朴な焼きプリンです。
低温でゆっくり蒸し焼きにするのが、なめらかに仕上げるコツ。

**材 料**（直径6cmのプリン型8～9個分）

卵 … 3個
卵黄 … 2個分
グラニュー糖 … 100g
牛乳 … 500cc
バニラビーンズ … ½本
カラメル
　グラニュー糖 … 50g
　水（1回目）… 大さじ1
　水（2回目）… 大さじ2

**下 準 備**

◆ 型の側面にバター（分量外）を薄く塗っておく
◆ オーブンを150℃に予熱する

**作り方**

1 カラメルを作る。鍋にグラニュー糖と水（1回目）を入れて中火にかけ、まわりが焦げついてきたら、鍋を揺すりながらキャラメル色になるまで焦がす。火を止めてすぐに水（2回目）を加える。素早く型の底に入れる（a）。

2 ボウルに卵と卵黄を入れて溶きほぐし、グラニュー糖を加えて混ぜる。

3 鍋に牛乳、縦に切れ目を入れて裂いたバニラビーンズを入れ、沸騰直前まで温める。

4 2のボウルに3を少しずつ加え、その都度混ぜる。バニラビーンズを取り出して漉す。

5 表面の泡を取り除き（b）、型に流し入れる。

6 型をバットなどに入れ、型の⅓くらいの高さまで熱湯を張り、天板にのせる。

7 150℃のオーブンで40～50分蒸し焼きにする。

8 粗熱が取れたら冷蔵庫に入れて冷やす。

カップにカラメルを均等に注ぎ入れる

キッチンペーパーやふきんで覆ってはがす

*Chocolat fondant et aux pruneaux*

Chocolat fondant et aux pruneaux

# プルーン入りショコラフォンダン

“フォンダン(溶ける)”のとおり、
ふんわり溶ける濃厚チョコレートケーキ。

**材料**（直径12cmの丸型1台分）

スイートチョコレート（カカオ分の多いビターなもの）… 110g
バター … 60g
卵 … 2個
グラニュー糖 … 80g
ココアパウダー … 20g
プルーンの赤ワイン煮（P53）… 5 ～ 6個
ココアパウダー（仕上げ用）… 適量

**下準備**

◆ ココアパウダーをふるっておく
◆ 型にバター(分量外)を薄く塗り、底と側面にぴったりとオーブン用シートを敷く
◆ オーブンを180℃に予熱する

**作り方**

1 ボウルに刻んだチョコレート、小さく切ったバターを入れて、湯煎にかけて溶かす。

2 別のボウルに卵を入れ、グラニュー糖を加えて直接中火にかけ、指を入れて温かく感じるくらいまで、泡だて器で絶えず混ぜながら温める（または湯煎にする）。すぐに火からはずし、もったりとして、泡だて器ですくうとリボン状に落ちてくるくらいまで泡だてる（a）。

3 1にふるったココアパウダーを加えて混ぜ、2のボウルに入れ、泡をつぶさないように泡だて器とゴムベラで全体を混ぜる（b）。

4 型に流し入れ、大きめにちぎったプルーンの赤ワイン煮を入れる。

5 180℃のオーブンで12～15分焼く。

6 粗熱が取れたら型から出し、ココアパウダー（仕上げ用）を振る。

※生クリーム100ccに砂糖大さじ1、ブランデー少々を加え、7分立てに泡だてたものを添えてもおいしい。

もったりとして、落とした跡がしばらく残る

ボウルとゴムベラをまわして混ぜ、空気を入れる

# 型について

焼き菓子に欠かせないのが、生地を成形するための型。
ここでは、本書で使用した型の一部をご紹介します。

◎ 小さく作る焼き菓子では、クッキーの抜き型、マドレーヌ型やフィナンシェ型など、さまざまな型を使用しました。クッキーは作り方が同じでも、型が違うだけで簡単に雰囲気が変えられるので、いろいろそろえておくと楽しいでしょう。

◎ P16「ショートブレッド ビスケット」は、薄く円形に作る方法もありますが、ここでは木型に入れて成形。スコットランド国花であるあざみがあしらわれ、伝統的なスタイルが作れるこの型は旅行先で購入しました。このように海外旅行などの旅先で、ふと見つけた型を買っておくのもいいかもしれませんね。

◎ パウンドケーキ型は、縦17cm×横8cm×高さ7cmくらいのものが主流。P34「あんずのパウンドケーキ」やP86「チーズテリーヌ」など、多くのケーキでよく使いました。

◎ クグロフ型はかわいらしい雰囲気になるので、フルーツを入れたり、チョコレートをかけたりする華やかなケーキで使いました。

◎ 大きなゼリー型のような変わったデザインの型は、P46「チーズのパウンドケーキ」で使用。シンプルなケーキだけに、型の個性が際立ちます。

◎ タルト型は直径18cmのベーシックな丸型や、長方形のもの、ミニサイズをいくつか使うなど、お菓子に合わせていろいろ組み合わせています。

◎ そのほか、普通の丸型やセルクル（底のない型）やプリン型など、さまざまな型をお菓子に応じて使っています。

お菓子の型は、定番のものをいくつかそろえておけば、最初は十分です。
少しずつ好みの型を増やしていくのも、お菓子作りの楽しさのひとつ。型を替えると、いつものお菓子もぐっと表情が変わります。

Kouglof mold
クグロフ型
Designed mold
P46「チーズのパウンドケーキ」で
使用した型
Wooden mold 木型
Cercle
セルクル
Madeleine mold
マドレーヌ型
Tart mold
タルト型
Pound cake mold
パウンドケーキ型

# 材料について

使っているおもな材料は、なじみのものばかりです。
シンプルゆえに、素材選びが味の大きなポイントに。

砂糖類
Sugar

おもに使っているのはグラニュー糖。糖液を精製して、細かい粒状に仕上げているため、ほかの材料に溶けやすく、お菓子作りに向いています。きび砂糖は、精製途中の糖液をそのまま煮詰めたもので、サトウキビの風味とミネラル分が残っていて、お菓子の味にも少しコクが出ます。このほかにも、粉糖やカソナード（フランスのブラウンシュガー）を使っています。

小麦粉
Flour

グルテンの量によって、薄力粉、中力粉、強力粉の3種に分けられます。ほとんどのお菓子で使用しているのは薄力粉。小麦粉の中でもグルテンが少なく、サクサクとした食感になります。ダマになりやすいので、必ずふるってから使うようにしましょう。強力粉はザックリとした生地に仕上げたいときに使います。今回は、P16「ショートブレッドビスケット」、P80「キャラメルシュークリーム」に使用しています。

卵
Egg

本書ではMサイズ（58～64g）を基準にしています。Sサイズ（52～58g）やLサイズ（64～70g）のものを使うときは、調整するようにしてください。卵白には、メレンゲやスポンジのふわふわとした食感を生んだり、お菓子を焼き固めたりする役割があります。ボウルに油脂がついていると、泡だちが悪くなるので注意するようにしましょう。卵黄には、クッキーやケーキに使うバターと水分（卵白など）を乳化させる役割があります。

バター
Butter

お菓子作りでは、食塩不使用のものを使います。材料リストには、「バター」と「発酵バター」の2種類がありますが、ぜひ焼き菓子におすすめしたいのが、発酵バター。材料リストに「発酵バター」と書かれているものは、特に発酵バターを使ってほしいお菓子です。発酵バターとは、原料に乳酸菌を加えて発酵させたもので、豊かな香りと強い風味が特徴です。値段はやや高めになりますが、仕上がりのバターの香りが違ってきます。ぜひ使ってみていただきたいです。

Granulated sugar
グラニュー糖
Light brown sugar
きび 砂糖
Butter
バター
Flour
小麦粉
Egg
卵

著者
坂田阿希子　**Akiko Sakata**

フランス菓子店、フランス料理店での経験を重ね、独立。主宰する料理教室「studio SPOON」では、プロの手法を取り入れた様々なジャンルの家庭料理、シンプルながらきりりとしたおいしさのフランス菓子を紹介している。
著書に『煮込み料理をご飯にかけて』（文化出版局）、『もっと使える絶品マリネ』『バナナのお菓子』（家の光協会）などがある。

●材料協力
富澤商店
https://tomiz.com/

●撮影協力
UTUWA
東京都渋谷区千駄ヶ谷3-50-11
明星ビルディング1F
TEL03-6447-0070

STAFF
撮影／日置武晴
スタイリング／佐々木カナコ
デザイン／髙橋朱里（マルサンカク）

焼き菓子

2014年10月30日　初版発行
2024年 4月20日　新装版初版印刷
2024年 4月30日　新装版初版発行

著者　坂田阿希子
発行者　小野寺優
発行所　株式会社河出書房新社
〒151-0051
東京都渋谷区千駄ヶ谷2-32-2
電話　03-3404-1201（営業）
03-3404-8611（編集）
https://www.kawade.co.jp/
印刷・製本　TOPPAN株式会社

Printed in Japan
ISBN978-4-309-29404-9


●本書は、小社刊行『焼き菓子』（2014年10月）を新装したものです。